养老照护人员
培训手册

养老照护人员岗前培训手册

《养老照护人员培训手册》编写组　编

中国社会出版社
国家一级出版社 · 全国百佳图书出版单位

北京 · BEIJING

图书在版编目(CIP)数据

养老照护人员岗前培训手册 /《养老照护人员培训手册》编写组编 . -- 北京 : 中国社会出版社, 2025. 5.
(养老照护人员培训手册). -- ISBN 978-7-5087-7205-9

Ⅰ. R473.59-62

中国国家版本馆 CIP 数据核字第 2025FF1654 号

养老照护人员岗前培训手册

责任编辑:张耀文
责任校对:曲丽媛
装帧设计:时 捷
出版发行:中国社会出版社
(北京市西城区二龙路甲 33 号 邮编 100032)
印刷装订:河北鑫兆源印刷有限公司
版 次:2025 年 5 月第 1 版
印 次:2025 年 5 月第 1 次印刷
开 本:185mm×260mm 1/16
字 数:280 千字
印 张:14.75
定 价:88.00 元

客服热线:(010) 58124852 投稿热线:(010) 58124812 盗版举报:(010) 58124808
购书热线:(010) 58124841;58124842;58124845;58124848;58124849

《养老照护人员岗前培训手册》
编 委 会

前言
Preface

近年来，党和国家高度重视人口老龄化问题，将积极应对人口老龄化上升为国家战略，并纳入“健康中国”战略统筹推进。民政部最新数据显示，截至 2024 年底，我国 60 岁及以上人口已达 3.1 亿，占总人口的 22%。按照国际通行标准，我国已步入中度老龄化阶段，成为典型的老年型国家。值得关注的是，未来数十年，我国每年预计新增 2000 多万老年人，呈现出“老年人口规模最大、老龄化速度最快、应对老龄化任务最重”的显著特征，老龄化形势极为严峻。

2016 年，习近平总书记对加强老龄工作作出重要指示强调，“有效应对我国人口老龄化，事关国家发展全局，事关亿万百姓福祉。要立足当前、着眼长远，加强顶层设计，完善生育、就业、养老等重大政策和制度，做到及时应对、科学应对、综合应对。”通过深刻领会习近平总书记关于应对人口老龄化的重要指示精神，我们敏锐洞察到了中国康养产业的广阔前景，在此基础上，整合国内外优质资源，创立了慈度康养国际集团。集团积极投身康养领域全产业链运营，一方面希望为国家应对人口老龄化战略贡献力量；另一方面也期待能在“挖掘人口老龄化给国家发展带来的活力和机遇”的进程中，勇立银发经济蓬勃发展的潮头，成为积极的推动者与开拓者。

常言道：“兵马未动，粮草先行。”当前，我国已注册登记的养老机构约 4.1 万家，社区养老服务机构和设施近 37 万家，虽已形成一定的产业规模，但面对庞大的老年人口基数，这些资源仍是杯水车薪，整个康养产业尚处于“兵马未动”的起步阶段。在此背景下，专业人才尤其是基层照护人员的培养储备工作，无疑是产业发展的“粮草先行”之举。2023 年全国高校在专业调整优化过程中，新增设护理学、养老服务管理等 34 个专业，这正是国家在康养产业领域实施“粮草先行”战略的最佳例证。

慈度康养国际集团基于对市场的深入洞察，结合自身专业优势，牵头组建了《养老照护人员培训手册》编写专家组。团队在充分借鉴日本及我国台湾等地区先进经验的基础上，紧密结合国内养老照护行业的发展现状和未来需求，精心编撰了《养老照护人员岗前培训手册》、《养老照护人员能力提升培训手册》和《养老照护管理人员培训手册》3 本培训教材。该系列教材的出版不仅丰富了国内养老照护培训的内容，更旨在抛砖引玉，期待更多专家学者投身康养产业人才培养事业，共同推动行业标准提升和高质量发展。

最后，值此《养老照护人员培训手册》丛书出版之际，谨向康养产业领域的开拓者和全体同人致以崇高的敬意！愿我们携手并进，共同谱写中国康养事业蓬勃发展的新篇章！衷心祝愿每一位长者都能享受温馨、愉悦、充满活力的金色晚年！

《养老照护人员培训手册》编委会主任

慈度康养国际集团董事长

2024 年 12 月

目录 Contents

第一部分　基本要求

第二部分　基础照护

第三部分 生活照护

第一部分

基本要求

第一章　职业道德

第一节　道　德

道德是一种重要的价值观，它能够指导我们的行为，维护社会秩序，调节人际关系。加强道德建设，可以促进社会文明的进步，提升公民的道德水平，从而构建和谐的社会环境。拥有良好的道德品质和较强的职业道德意识，是保证照护人员胜任工作的关键。

一　道德的由来

道德是一种价值观念，它源自人类社会的发展历程，旨在满足人们的需求、促进社会的进步。它是人类社会实践的结果，反映了人类与自然界的关系。人类不可能孤立地存在，我们必须建立良好的社会关系，以便更好地理解彼此，并且更好地与他人相处。经过一系列规范和标准，人们的行为受到了约束，从而形成了一种集体的潜意识，进而产生了一种道德。这种道德不仅能够被普遍接受，而且能够长久地维持下去。

二　道德的内涵

马克思主义伦理学认为，道德是人类社会特有的，由社会经济关系决定的，依靠内心信念、社会舆论、风俗习惯等方式来调整人与人之间、个人与社会之间以及人与自然之间关系的特殊行为规范的总和。道德是一种普遍的社会现象，它包含以下三层含义。

一是一个社会的道德观念和价值观取决于该社会的生产方式和经济关系，即存在何种生产方式、生产关系，便会形成何种道德体系。

二是道德是一种衡量行为的标准，它不仅可以帮助我们更加客观地判断他人的价值观、行为习惯，帮助我们更加理性地作出选择，还可以更好地处理自己的社会关系，从而使自己的行为更加公平、合理。

三是道德的形成并非完全由政府机构强制推行，而是受到社会、文化、价值观、传统观念以及教育等多方面因素的共同影响。

三　道德的特点

（一）普适性、社会性

“自天子以至于庶人，壹是皆以修身为本。”《礼记·大学》的这句话是说，道德应适用于所有的人，无关他们的身份、职业或其他特征。

（二）非强制性

道德与法律作为社会的两大基本准则，共同规范着人们的行为。与法律的强制性不同，道德的约束是非强制性的。它依靠人们内心的信念、社会舆论等力量来发挥作用。当一个人违背道德时，通常需要承担相应的后果。这种后果可能来自内心的愧疚，也可能是新闻媒体（如电视、广播、网络、报刊等）形成的舆论压力，促使其采取正确行动以维护正义。

在照护工作领域，照护人员应秉持道德准则，坚定不移地为长者提供优质服务。这不仅能使他们的职业生涯更加充实，也有助于他们实现更高的人生目标，树立正确的价值导向。

（三）继承性

历史上备受推崇的道德准则，在时代变迁中不断自我完善与传承，由此获得了更为普遍的认同与发扬。这种道德准则深深植根于悠久的文化传统中，诸如“尊老爱幼”“扶危济困”等典范，共同建构了完整的文化价值体系。直至今日，我们依然通过践行这些道德准则，来维护社会正义与人性尊严。

（四）时代性

虽然道德有着悠久的传统，然而它也受到时代的影响，过去的封建道德观已经无法适应现代社会。因此，应当对其进行剔除、加以“扬弃”，使其与时代发展保持一致。道德作为一种上层建筑，必须与社会经济发展相适应，以维护社会的和谐稳定。

在坚决摒弃“三从四德”“三纲五常”等封建道德观念的今天，全体中国人民应当积极践行“富强、民主、文明、和谐，自由、平等、公正、法治，爱国、敬业、诚信、友善”的社会主义核心价值观，以此来推动国家的发展。

四 道德的作用

（一）引导规范人的行为

道德作为价值观的一种具体体现，其目的在于指导公民遵守法令、尊重文化传统、培养良好的价值观与健全的伦理观，让公民基于公平、公义的基础原则，以身作则，作出明智决策，遵循法治、公平、公正的价值观，以此来促进公民的健康成长，实现公民的共同福祉，进而实现社会公平、公正、健康的发展。通过培养健康的行为准则、文化素养以及道德观念，可以促进公民的自我约束，从而满足时代发展的要求。

（二）调整人际关系

道德是调整人与人之间以及个人与社会之间的关系而形成的行为规范的总和。在人际交往和社会生活中，个体难免会与他人或社会产生纠纷和矛盾。为有效协调这些关系，需要通过社会舆论、风俗习惯和个体内心信念等道德力量进行调节，使个人利益、他人利益和社会利益达到最大程度的协调统一。

（三）维护社会秩序

宣传并弘扬优秀的道德准则，能够有效培养人们的道德意识，塑造良好的道德品质，进而引导人们践行道德行为。在此过程中，正确观念得以树立，和谐社会氛围得以营造，社会秩序得以维护，道德规范逐渐内化为公民的自觉行动，推动公民素质持续提升。一个国家倘若缺失道德基石，便难以实现社会的和谐与稳定。于个人而言，若无道德立身，将寸步难行；从国家层面看，缺乏道德支撑，便无法繁荣昌盛。因此，为推动社会朝着更加稳定、健康、和谐的方向发展，加强道德的建设至关重要。

第二节　职业道德

道德是一个庞大且复杂的体系，职业道德是其中不可或缺的一部分，它不仅深刻影响着劳动者的职业素养和个人发展，更是社会良性运行的重要基石。因此，加强职业道德建设，不仅能够推动社会的和谐发展，更能够提升全民的公德意识。随着人们对社会公德的认知不断加深，职业道德的建立也得到了有效的推动，这有助于引导从业人员走上正确的发展道路，进而推动社会文明水平的不断提升。

一　职业道德的内涵与价值

职业道德作为特定职业领域的行为准则，其核心价值在于构建和谐的工作生态，维护从业者的合法权益，并通过多维度的理念提升职业效能。其内涵具体表现为：尊重他人的人格尊严、尊重他人的观点表达、尊重他人的专业能力及尊重他人的劳动成果等。职业道德既是行业发展的特定要求，更是从业者在职业活动中的具体体现，在促进个人发展与社会进步中发挥着重要作用。

二　职业道德的基本规范

职业道德反映了社会对从事某种职业的人们的道德要求，是一般社会道德在职业活动中的具体体现。它不仅影响个人的行为，也关系到整个国家的发展，因此，每个公民都应该具备良好的职业道德，以确保社会的和谐与长治久安。

职业道德规范是指导从业人员职业行为的基本准则，是构建良好职业生态的重要基石。它要求从业者在工作中秉持诚信守诺、公平公正、服务奉献的价值理念，恪守职业准则，履行职业责任，维护职业声誉，促进职业发展。

三 职业道德的基本要素

（一）职业理想

职业理想是指人们对职业活动目标的追求和向往，是人们的世界观、人生观、价值观在职业活动中的集中体现。它是形成职业态度的基础，是实现职业目标的精神动力。

（二）职业态度

职业态度是一种深刻的、持久的、反映个人价值观的心理状态，它受外部环境的影响，并以个人的实际经历为基础，在不断的实践中形成，职业态度可以反映个人的精神状态、职业道德水平以及工作热情。

（三）职业义务

职业义务是指每一个从事某种职业的人有责任尊重他人、遵守社会规范，保护国家和集体的利益的义务。

（四）职业纪律

职业纪律是指从业者在岗位工作中必须遵守的规章、制度、条例等职业行为规则。例如，公务员必须廉洁奉公、甘当公仆，公安、司法人员必须秉公执法、铁面无私等。这些规定和纪律要求都是从业者做好本职工作的必要条件。

（五）职业良心

职业良心是指从业者在履行职业义务的过程中所形成的对职业责任的自觉意识和自我评价。人们从事的职业不同，职业良心的表现形式也有所不同。例如，经商者的职业良心是“诚实守信”，医生的职业良心是“治病救人”，从业者能做到这些，良心就会得到安宁，反之内心则会产生不安和愧疚感。

（六）职业荣誉

职业荣誉是一种被社会认可的自我价值，它体现了从业者在职业道德活动中的贡献，也是他们获得荣誉的一种方式。当人们的职业行为获得社会的认可时，他们就会倍感荣耀，当他们的职业行为不能获得社会的认可时，他们就会感到羞愧与自责。

(七)职业作风

“职业作风”通常被认为是一种良好的行为准则，它体现了从业者的专注、敬业、负责任、勇气、毅力。这些特质有助于提高从业者的专业水平，并使其为社会的发展作出贡献。

四 职业道德的特征

(一)行业性

行业内部存在差别，各行各业都有各自的道德标准。比如说，商贸行业对从业者的职业道德要求是“交易公正、童叟无欺”，会计行业的职业道德要求是“不做假账”，司机的职业素养要求是“严格遵守交规，文明行驶”等，这些都是职业道德行业性特点的体现。

(二)有限性

职业道德是一种适用于职业领域和岗位的行为准则，它可以指引从业者在日常工作事务中的行为，并为其职业生涯指明方向。尽管不同的职业道德包括不同的内容，但它们都是为了帮助从业者在特定的行业和岗位上表现出色而制定的。然而，需要明确的是，这些准则主要是为特定的职业环境定制的，因此它们并不具有普遍适用性。

(三)多样性

随着时代的进步，职业领域的多元化已成为当今社会的重要特征。不同的行业有不同的职业道德标准，这些标准包括行业公约、规章制度、员工守则以及岗位职责等。因此，职业道德的内容更加丰富多彩。多元化的职业道德，不仅可以满足不同行业的需求，还能够促进行业的发展。

(四)约束性

职业道德除了通过社会舆论和从业者的内心信念对其职业行为进行调节，也与职业责任和职业纪律紧密相连。职业纪律属于职业道德的范畴，在从业者违反职业章程、职业合同、职业责任、操作规程，给企事业单位、社会和服务对象带来损失和危害时，职业道德的评价体系就会发挥作用。但需要注意的是，职业道德本身不存在强制性，其总体要求与职业纪律、行业法规具有重叠，一旦从业者违背了这些纪律和法规，除了会受到职业道德的谴责，还会受纪律的处分和法律的制裁。

（五）稳定性

职业一般相对稳定，这决定了反映职业要求的职业道德的相对稳定性。如商贸行业“童叟无欺”的职业道德、医务行业“救死扶伤、治病救人”的职业道德等，千百年来为从事相关行业的人们所传承和遵守。

（六）利益相关性

职业道德和物质利益密不可分。对于那些勤勉尽责、乐于奉献的员工，企业不仅会给予他们精神上的支持，也会给予他们物质上的回报；而那些违反职业道德的员工，将会受到相应的纪律处分。

五 职业道德的作用

（一）职业道德是个人发展的基础

职业是人类获取财富的有效途径，因此，从业人员须具备良好的学习、积累、实践、沟通、思考、行动、自我完善、自我提高的能力，才有可能获得更高的社会地位，赢得更多的尊重，成就自我，拥有幸福生活。无论如何，个人的职业道德都是其取得成就的关键因素，它既能够帮助个体提升能力，还能为个体的未来发展提供坚实的保障。

（二）职业道德是良好社会风尚形成的保证

社会风尚是人们的精神面貌和社会关系的综合反映，各行各业的道德都会不同程度地影响社会道德风尚和习俗的形成和发展。职业道德对提高公民道德素质、形成良好社会道德风尚具有重要的推动作用。如果每个人都具备良好的职业道德，在实践中就会自觉遵守社会主义核心价值观，树立正确的世界观、人生观和价值观，就会在全社会形成爱国、敬业、诚信、友善等道德规范和平等、友爱、和善的人际关系，就会在全社会形成知荣辱、讲正气、促和谐的良好风尚。

（三）职业道德是推动社会进步的关键因素

良好的职业道德不仅能够促进经济的健康发展和可持续增长，还能有效减少诚信危机、权力滥用及公共秩序破坏等社会问题。为此，应加强素质教育的普及，提升全民的职业责任感和使命感，为实现中华民族伟大复兴的中国梦奠定坚实基础。

在职场中，诸如诚实守信、客户至上、真诚服务、勤勉尽责、节俭谦逊等道德准则，一旦被广大从业人员内化为价值观，并融入日常生活，将有助于构建良好的沟通与合作机制，增强社会凝聚力，共同创造美好的未来。通过恪守和践行职业道德准则，从业人员能够不断激发自我提升的动力，减少负面行为，维护公共利益，推动社会实现持久、健康、高效的发展。这不仅能够推动物质文明发展，还能显著提升社会的精神文明水平。

六　公民道德建设实施纲要

2001 年，中共中央印发的《公民道德建设实施纲要》指出，职业道德是所有从业人员在职业活动中应该遵循的行为准则。随着现代社会分工的发展和专业化程度的增强，市场竞争日趋激烈，整个社会对从业人员职业观念、职业态度、职业技能、职业纪律和职业作风的要求越来越高。要大力倡导以爱岗敬业、诚实守信、办事公道、服务群众、奉献社会为主要内容的职业道德，鼓励人们在工作中做一个好建设者。

2019 年，中共中央、国务院印发的《新时代公民道德建设实施纲要》指出：“中国特色社会主义进入新时代，加强公民道德建设、提高全社会道德水平，是全面建成小康社会、全面建设社会主义现代化强国的战略任务，是适应社会主要矛盾变化、满足人民对美好生活向往的迫切需要，是促进社会全面进步、人的全面发展的必然要求。”“要把社会公德、职业道德、家庭美德、个人品德建设作为着力点。推动践行以文明礼貌、助人为乐、爱护公物、保护环境、遵纪守法为主要内容的社会公德，鼓励人们在社会上做一个好公民；推动践行以爱岗敬业、诚实守信、办事公道、热情服务、奉献社会为主要内容的职业道德，鼓励人们在工作中做一个好建设者；推动践行以尊老爱幼、男女平等、夫妻和睦、勤俭持家、邻里互助为主要内容的家庭美德，鼓励人们在家庭里做一个好成员；推动践行以爱国奉献、明礼遵规、勤劳善良、宽厚正直、自强自律为主要内容的个人品德，鼓励人们在日常生活中养成好品行。”

人们在追思任长霞英雄事迹的同时常常思考：是什么使任长霞成长为一名全国闻名的公安战线的英雄？是什么使任长霞事迹如此撼动人心？又是什么使任长霞的事迹经久不衰？其实，最本质的原因之一就是她的“职业良知”，她凭借出色的业务素养和强烈的责任感成为一名扫黑除恶的英雄。正是道德感、使命感使任长霞对于自己的岗位、自己服务的社会和民众所应承担的责任形成了一种自觉的职业良知。

社会需要讲“职业良知”，人民需要讲“职业良知”，养老照护人员更要讲“职业良知”。因为养老照护人员是“护老使者”，更需要坚守自己做人的良知，展现自己人性的光辉。

第三节　养老照护人员的职业素养

在养老服务工作中，由于长者普遍存在身心功能障碍或生活依赖性，养老照护人员除了具备专业技能，还须具备以下核心职业素养。

一　人文关怀

换位思考，理解长者的情绪和行为，关注长者的生理与心理需求。通过日常观察（如饮食状况、情绪波动等），主动提供生活协助与情感支持，帮助长者缓解身心痛苦，提升生活质量。

二　职业热忱

秉持积极主动的工作态度，以饱满的热情投入照护服务工作。主动学习新技能，持续精进专业能力，将养老照护工作视为终身事业。

三　诚信可靠

恪守职业道德准则，严格遵守保密原则，不泄露长者及其家庭的隐私。秉持契约精神，以高度的责任感履行承诺，树立可信赖的职业形象。

四　情绪管理

以乐观向上的心态营造温馨的服务氛围。保持亲切自然的沟通方式，面对长者时始终展现专业笑容，采用温和语气，有效化解负面情绪。

五　尊重包容

恪守平等尊重的服务原则，谦恭有礼、尊重他人，对长者及其家属、团队伙伴均以礼相待，即便有不同看法或意见，也给予对方尊重，而不是加以批判或责难。

六　共情能力

准确识别长者的复杂心理状态（如疾病困扰、经济压力、死亡焦虑等）。通过积极倾听与心理疏导技术，提供针对性的情感支持。

七　协同合作

在养老照护工作中，照护人员应重视协同合作的重要性，与医护人员、家属、社工等多方合作，提高照护服务的质量和效率。

八　诚实尽责

在养老照护工作中，照护人员应始终秉持诚实守信、尽职尽责的职业操守，以高度的责任感和专业素养，为长者提供及时、细致、优质的照护服务。如实记录服务内容与长者状况，对异常情况保持职业敏感，及时准确上报，切实保障长者的健康与安全。

第四节 养老照护人员的职业守则

一 尊老敬老，以人为本

养老照护人员肩负着照顾长者、服务长者的光荣使命，任务艰巨而意义深远。他们不仅为长者提供日常照料服务，更承载着长者家庭、社会乃至国家的殷切期望。尊老敬老，首先体现在物质生活的保障上，包括衣、食、住、医等方面的悉心照料，尤其在长者患病时，更应倾心照料。同时，精神层面的关怀同样不可或缺，要给予长者充分的体贴与慰藉，让他们能享受天伦之乐。在社会层面，应积极倡导敬老、尊老、孝老、爱老、助老的道德风尚，热心为长者办实事、解难题。

养老照护人员在工作中，应秉持以长者为本的理念，从长者的根本利益出发，满足他们的合理需求，切实保障他们的权益，让长者深切地感受到全社会的尊重与关怀，让发展的成果惠及每一位长者。如今，养老照护人员不遗余力、兢兢业业地工作，为长者排忧解难，为党和国家分担重任，推动我国老龄事业和养老服务业沿着科学的道路不断前行。而未来，随着社会发展水平的不断提升，养老照护人员自身也将在更加优越的条件中安享晚年，过上幸福的生活。关心今天的长者，就是关心明天的自己。

二 服务第一，爱岗敬业

照料长者不仅是一项服务，更是一份责任。养老照护人员应以尊重和关怀长者为第一准则，竭力满足长者的需求，全力以赴地为长者提供优质的服务。养老照护人员应以尊重和热爱的态度对待自身的工作。例如，遇到生活自理能力较弱的长者时，照护人员应该想方设法地帮助他们解决难题；当长者提出饮食需求时，养老照护人员应该主动与厨房工作人员沟通，尽量满足长者的需求。

虽然照护长者的工作看似普通，却是社会发展不可或缺的一部分。因此，照护人员应当以最大的热忱开展工作，并以“服务第一”的职业准则指导自身的行动，积极提高养老照护水平，给予长者最贴心的关爱，从而获得长者的认可，同时获得社会的肯定。

三 遵章守法，自律奉献

一名优秀的养老照护人员应当具备良好的法律素养，深刻理解并准确把握自身的职责、权利与义务，严格遵守相关法律法规，做到知法、懂法、守法。照护人员必须秉持社会正义，积极参与社会事务，努力维护良好的公众形象；同时，要恪守职业道德，严格执行法律法规，切实维护长者的合法权益，以真诚的态度和专业的技能为长者提供优质的照护服务，确保照护工作取得实效。

照护服务是一项崇高的事业，养老照护人员是推动社会和谐、促进国家繁荣的重要力量。因此，照护人员应以身作则，以高度的责任感和使命感履行照护职责，以最大的热情投身于为长者服务的事业中。

四 孝老爱亲，弘扬美德

“百善孝为先”，深植于中华民族的文化土壤中，源远流长。它不仅倡导对父母和祖先的尊重，更强调对他们给予深切关怀与爱护，以及对家庭要担负起责任。

“仁、义、礼、智、信”是中华民族传统美德的核心，其中孝顺父母、尊重长者占据了重要地位。这些美德不仅指导着人们的日常行为，更是衡量一个人道德水准的关键。弘扬这些美德，意味着我们要积极宣扬并努力将其发扬光大。百善之中，孝道为首；德行之中，孝道为本。

养老照护人员应当具备孝老爱亲的美德。对父母的孝敬是根本，对身边的长者则应给予爱心与耐心。在工作中，应细心且真诚，尊敬并悉心呵护每一位长者，视他们如亲人，如自己的父母，甚至如未来的自己。照护人员不仅应具备高尚的美德和素养，更应成为孝老爱亲的典范和模范，成为这一美德的传播者。我们肩负着弘扬和传承民族优秀传统美德、社会公德、家庭美德的重任，成为尊老、敬老、孝老、爱老、助老的引领者。一名照护人员，如果缺乏孝老爱亲的基本品质，无论其技能多么高超，一切技能都将如同空中楼阁。

思考

1. 职业道德的基本要素有哪些？

2. 养老照护人员应具备哪些核心职业素养？

结语

世界上的一切都必须按照一定的规矩秩序各就各位。

——莱蒙特

第二章　基础知识

第一节　人际关系与人际沟通

一　人际关系

人际关系是一种复杂的社会现象，它涵盖了物质与精神的双重交流，使人们形成一种深刻的、互动的心理联系。这种关系不局限于友谊，还广泛渗透于家庭、职场、工作、社会地位等多个层面。

（一）不同时期的人际关系

1. 胎儿期

人际关系是从胎儿时期就开始的。在母亲体内，胎儿会接收各种各样的信息，随着听觉的逐渐发育，能听到母亲的心音及外界的声音。当外面有刺耳的声响时，婴儿就会离开母亲的腹壁；而当听到轻柔的声音时，婴儿则会靠近母亲的腹壁。

2. 婴儿期

婴儿期的人际关系主要是和父母之间的。婴儿从出生开始，就会出现各种社会行为。如用哭泣来表达需求、吸引注意，以微笑来回应关爱、给予父母情感满足。

3. 孩童期

满一周岁的孩子开始构建与同龄人的关系。从一个人玩耍到社会性的玩耍，从主要与母亲的接触变为与更多同伴的接触。随着同伴团体的发展，孩子开始有了性别意识。

4. 青春期

青春期是建立人际关系的关键阶段。在这一时期，青少年会主动寻求志同道合的同龄伙伴。那些能够共同探讨成长困惑、相互理解情绪的朋友，往往能通过深入交流建立起更为紧密的情感联结。

5. 青年期

在青年期，人们开始思考“自我同一性”，考虑自己在社会中扮演什么样的角色，同时组建家庭，提高作为社会一员的自觉性。

6. 壮年期

对社会和家庭的参与感大增，重新审视自己的生活方式。

7. 老年期

随着年龄的增长，个体机能衰退，这种生理变化往往会影响他们对工作、生活以及对社会贡献的看法。许多人会重新审视自己的人生价值、职业成就以及未来在社会中的角色和地位。

（二）老年照护中的人际关系

照护人员在养老服务中扮演着桥梁与纽带的重要角色，他们与长者及其家属建立的亲密关系，以及与团队成员的紧密合作，共同构建了一个充满关爱、尊重与专业的照护环境，为长者的晚年生活增添温馨感提供了保障。

1. 照护人员与长者及其家属的关系

照护人员的日常工作以长者为中心，通过专业化的服务为其提供全方位的生活照护与关怀。同时，照护人员也非常重视与长者家属之间的沟通，通过积极、及时且有效的信息交流，建立起相互信任与理解的关系。

2. 照护人员与团队的关系

在为长者提供服务的过程中，照护人员需要与其他照护人员以及医生、护士、康复理疗师、心理咨询师等专业人员紧密合作，保持良好的沟通交流，为长者提供全面、持续的照护服务。

二 人际沟通

（一）人际沟通的概念及重要性

沟通是一种互动的过程，它涉及个体之间信息的交换和思想碰撞，从而使双方能够建立起关系。

对所有照护人员而言，掌握交流和处理人际关系的技巧至关重要。研究表明，一个人事业上的成功，只有15%可以归因于他们的专业技能，而其余的85%则取决于他们的人际交往和处事能力，其中，沟通能力是这些核心能力中的关键一环。

（二）沟通的目的与意义

长者的心情是否愉悦跟照护人员有很大的关系，因而沟通技巧非常关键，通过沟通可以促进人与人的互动，达到更好的照护效果。

1. 洞悉对方心意

良好的沟通能够相互表达期望、当下所想，了解对方的真实意愿。

2. 有效表达自己

沟通能够表达自己的目的及需要对方如何协作等。例如，表达即将要进行的活动，长者便能调整自己的状态。

3. 构筑信赖关系

通过真诚的沟通交流，可以认识到更真实的彼此，从而增进双方的信赖程度。

4. 加深理解

在沟通中通过分享个人经历、生活方式及兴趣爱好等方式，能够有效增进双方的理解与信任。

5. 收集必要信息

通过沟通可以收集长者的家庭状况，以及其过往生活、对人生的期望等信息，为养老照护工作提供必要的信息支持。

（三）沟通的原则

1. 基本原则

尊重：尊重长者的人格与尊严、自主选择权、隐私权。

公正：公正、合理地对待每一位长者，不因身份、职业等给予其不同的对待。

误伤：避免语言不当、态度恶劣等，给长者造成心理上的伤害。

关爱：善待生命、善待每一位长者，树立“以长者为中心”的理念。

2. 具体原则

清楚：表达清晰、明白、有条理，尽量采用长者容易听懂的语言。

准确：表意准确、内容精确无误。

真诚：以真诚的态度向长者传递关切、问候。

换位：换位思考，及时了解长者的问题与需求。

主动：接受咨询时，应主动起身，礼貌注视对方，了解长者需求。

详尽：考虑长者的社会文化背景、承受能力等各种因素。

守法：严守法律法规，恪守职业道德。

三 影响沟通的因素

（一）有利因素

1. 适宜的环境

沟通时的空间环境适宜，包括私密性有所保障、灯光明暗适中、环境安静等；沟通时的人文环境适宜，包括人员相互熟悉、能友好相处、专注度高等，这些都有利于沟通的进行。

2. 懂得关怀

关怀是照护人员和长者建立信任的关键要素。照护人员要以长者为中心，以关怀为本质开展工作，而不只是履行义务。

3. 彼此信任

信任是人与人之间有效关系的基础。沟通时身体前倾、面带微笑、保持合适的社交距离（亲密距离 45 厘米内、个人距离 45 ~ 120 厘米、社交距离 121 ~ 360 厘米、公众距离大于 360 厘米）等，都有助于提升沟通效果。

4. 真诚

照护人员对长者需要以真诚相待，做到言行一致，不作防卫性反应，并且乐意向对方展现真实的自我。

5. 有同理心

照护人员能站在长者的立场上领会长者的想法和感受，并让长者知道。同理心和同情有所区别，例如，长者说："我不想再……"照护人员回答："嗯，那确实让人有点难受。"这就是同理心的体现；但如果照护人员说："你真的好可怜，那么难受。"这就是同情心的体现。同理心有助于安慰长者，没有同理心可能会让长者更加难受。

6. 尊重

对长者的尊重主要是无条件接纳、一切为了长者、愿意陪伴长者，尊重其个性、尊重其自我决定等。

（二）不利因素

1. 一味讨好

当长者或长者家属提出不合理要求时，照护人员为了避免事态扩大或造成矛盾，可能会选择委曲求全、讨好对方，这种沟通方式会让自己觉得压抑，也会让长者及其家属认为照护人员没有原则且不重要。

2. 指责

当长者及其家属与照护人员发生冲突时，照护人员不尊重对方，采取气势汹汹、咄咄逼人的态度，这会让对方感到粗鲁和野蛮。

3. 不理智

当长者或家属与照护人员发生冲突时，如果照护人员过于依赖数据和逻辑，忽视情感和人际关系，采取说教的方式，可能会让对方感到不被理解，进而认为照护人员过于冷漠。

4. 打岔

在照护过程中，照护人员问东答西，常改变话题或偏离主题，对相关问题回避，这会令长者及其家属觉得照护人员不专业。

情境讨论：以下场景出现了哪些不利于沟通的因素？

长者在餐桌前正努力想办法脱下上衣。

照护人员（大声吼道）：你在做什么？怎么回事？怎么搞的？把衣服弄得这么湿？是把水杯打翻了吗？怎么连个水杯都拿不好，有这样不小心的人吗？

长者（试着起身走开）：我要换衣服，全身都湿透了。

照护人员（声音严厉）：先坐下，等我把你弄湿的地板和餐桌擦一下。站好！我说站好，把这件衣服穿上（为长者换穿衣服）。

四　照护中的沟通技巧

（一）语言沟通和非语言沟通

语言沟通可以具体表达想法、意见、情感等。除对话之外，语言沟通还包括文字、书信、电话、邮件、微信等方式。例如，照护人员在早上进入长者房间时，主动打招呼，事前用语言告知：“××先生（女士）早上好，我是您今天的照护人员

赵 × ×，现在您起床了，我先把窗帘拉开可以吗？”

非语言沟通包括表情、态度、举止、手势、发型、服装、肢体等。非语言沟通有时更能传递出真实的信息，想了解长者真实的状态和想法，非语言沟通往往更重要。如，长者说他心情很好，身体状况也很好，照护人员应根据其说话时的眼神、动作、语音语调、表情等综合判断，如果发现问题，则要进一步和长者沟通。

人们在传递信息时，有时会无意识地从态度中流露出真实的想法，如专心听人说话时，身体会不自觉地朝向说话方，极力想要表达某种想法时会加大手势的幅度等。

作为照护人员，发型、服装、化妆是否得体，也会让长者有“愉快”或“不快”的感受。

（二）说话方式和提问技巧

在信息传递过程中，确保声音清晰、音量适中，并根据沟通距离调整音量大小。通过微笑和礼貌的方式表达尊重，同时控制语速，确保每次只提出一个问题或传达一个指令，使用简洁的句子，并保持适当的眼神交流。

在提问时，应引导长者表达真实的想法和需求。封闭式提问虽能迅速获得答案，但其信息量有限。相比之下，开放式提问则更能深入了解对方的思维方式和真实想法，有助于促进其自主性和独立性的发展，同时获取更丰富的信息。在实际照护工作中，灵活结合这两种提问方式，可以实现更深层次的沟通效果。

“今天中午吃蒸蛋，好吗？”这样的问题使回答范围有所限制，比需要思考的问题更容易回答；但“今天中午想吃什么呢？”这样的问题，就可以让长者展开思考，从而更好地表达自己的真实意愿。

（三）以倾听为基础

主动倾听：运用所有感官、知觉进行聆听。

同理倾听：产生共鸣、体会情感，了解对方的真实想法。

支持倾听：以长者为中心，减轻对方的情绪压力，运用非语言技巧。

点头、附和、鼓励、重复、变换说法：配合对方的说话内容做出动作，让对方感受到你在认真聆听；重复对方说过的话，但换一种表述方式，这样会让对方感觉你是为了理解说话内容在不断确认，从而可以促进沟通。

（四）CICARE 沟通模式

C（Connect）礼貌接触：与长者及其家属接触时用他们喜欢的称谓称呼他们。

I（Introduce）热情介绍：介绍自己，告诉长者你的职责。

C（Communicate）详细解释：与长者沟通你将要做什么，需要多长时间。

A（Ask）关心询问：了解长者的需求，有什么问题或需要关注的。

R（Respond）耐心解答：对长者及其家属的问题或要求作出快速回应。

E（Exit）礼貌离开：告诉长者下一步需要做什么，然后礼貌离开。

五 现实中的应对处理

（一）现实场景

场景一：

挑拨家属与养老院关系的长者

乔阿姨两个月前被女儿送进养老院，她和照护人员王姐、同室长者相处得还不错。可是每当女儿来看望，乔阿姨不是向女儿哭诉王姐烦她小便多、不给她喝水、不给她吃零食，就是哭诉被其他长者欺负、养老院不管，等等。面对乔阿姨女儿的质问，院方和照护人员王姐常常要找很多证人以示清白。

场景二：

喜欢“找碴儿”的长者

照护人员刘姐服务的96岁的王阿姨是一位特别喜欢“找碴儿”的长者。新年时，刘姐准备将王阿姨的衣物拿到洗衣房机洗，但王阿姨坚决不同意，坚持要求刘姐手洗。随后，王阿姨发现刘姐戴着橡胶手套清洗衣物，顿时大发雷霆，要求刘姐在她面前重新清洗。

还有一次，刘姐因故需要提前两个小时下班，由另一名照护人员接替。这一安排引发了王阿姨的强烈不满，她甚至说：“你走吧，你走吧，出门让车撞死，不得好死。”这番话语让刘姐倍感委屈，不禁潸然泪下。由于王阿姨年事已高，难以判断这番话是出于糊涂还是有意为之，但确实给刘姐带来了不小的心理压力。

场景三：

性格固执的长者

何阿姨患有糖尿病，需要定时注射胰岛素并按时用餐。一天，她因思念儿子，要求照护人员帮忙打电话联系。然而，当时正值晚餐分发时间，照护人员表示：“我先为大家分发晚餐，稍后立即帮您打电话。”这一回应令何阿姨十分不满，她拒绝用餐，并于下午5点就上床休息。等照护人员完成工作后准备打电话时，已经错过了何阿姨要求的时间。

护士在晚餐前已为何阿姨注射了胰岛素，若不及时进食，极有可能导致低血糖休克，情况十分危险。意识到问题的严重性后，工作人员进入房间向何阿姨诚恳道歉，但她始终不予回应。

（二）解决方案

1. 提高认识，掌握多种服务技巧

对养老院或者提供居家养老服务的组织而言，除非发生危害养老院消防等公共安全、长期私占公共资源对他人生活造成严重影响、私下行贿受贿对养老院廉政建设造成恶劣影响、发生人身伤害或触犯相关法律法规等重大事件，在正常情况下，长者的行为和情绪都应被理解和包容。

为了更有效地服务每一位长者，尤其是面对“难缠”的长者，照护人员可以采取以下策略。

一是注重日常情感维系。与长者建立深厚的情感纽带至关重要，通过日常的真诚交往，赢得长者的信任与好感。这种建立在互信基础上的关系，往往能在关键时刻发挥重要作用，使问题迎刃而解。

二是运用权威信息进行引导。对长者某些偏激行为或观点，照护人员可以引用权威数据或信息，如社会公认的价值观念、典型案例、专家的意见等，让这些数据成为沟通过程中的重要论据。

三是丰富业余生活。照护人员在提供日常服务的同时，应积极引导和鼓励长者参与各类文娱活动，让长者在充实的生活中获得成就感和归属感，从而有效减少各类事件的情况发生。

2. 通过多种方式，重新赢得长者的认可

个别长者对照护人员反感甚至有意刁难等情况，是养老院经常遇到的问题，这常常是多种原因引起的。可以从以下几个方面着手，学会解决之道，重新赢得长者的信任。

一是反思自身行为。如果长者突然变得“难缠”，照护人员应先反思自己的行为：长者平时很合作，唯独这次有意刁难，是因为自己工作没做到位，还是工作方法不对、工作态度不好，才引起了长者的反感？

二是让第三方出面。当长者百般“刁难”时，可以请照护工作组长或长者愿意亲近的照护人员，做长者的思想工作，从侧面了解长者抵触或刁难的原因。此时照护人员要站在长者的角度考虑长者为何这么做，以“对症下药”，解决问题。

三是取得家属的信任与支持。如前文场景一中提到的乔阿姨，可以请其子女通过暗中观察、抽查来访、查看监控录像等方式，了解长者的真实情况。刚入住的长者常会出现类似乔阿姨的情况，究其缘由，大都是长者害怕被子女遗弃，想得到子女的加倍重视，对养老院未来的生活充满不安。养老院应协调家属和长者多沟通，通过多方努力帮助长者消除恐惧。

3. 让理解成为彼此沟通的桥梁

生活在养老院的长者们，与普通人一样拥有丰富的情感世界，甚至更为细腻和脆弱。他们因心灵上的“孤独”，渴望得到更多的关注。照护人员唯有真正走进长者的内心世界，才能深切体会他们的感受，从而理解那些表面上的“挑剔”“刻薄”甚至“难缠”，实则是内心深处的“脆弱”与“无奈”。

长者本就年迈、身体羸弱，除了绝食等极端方式，他们往往会通过一些特殊的方式来表达诉求。这些行为的背后，是他们渴望被关注、被理解的情感诉求。然而，这种深层次的情感需求，对他人而言往往难以真正体会。

与此同时，养老院的管理者也应体谅照护人员的艰辛。照护人员常常是委屈的承受者，尽管遭受恶意的言语攻击、侮辱等是个别情况，但对照护人员的伤害是不容忽视的。在确认照护人员本质上并无过错或无大错的前提下，应对个别长者恶意言行给照护人员造成的精神伤害表示理解。让照护人员知晓，即便因为长者的怒火而不得不认错，但在管理者心中，她 / 他仍是一名优秀的照护人员。

4. 让“正确”与“错误”失去原本的意义

在很多“难缠”的长者心中，其认为自己的所作所为一定是正确的。一般来说，照护人员要想帮长者疏导情绪，只有先稳住长者的情绪，才有继续交流沟通的可能。而在危急情况下，日常思维中的“正确”与“错误”根本没有意义，保护长者才是最重要的。

让长者走出“死胡同”，比较可行的方法是给长者提供多种选择。如前文场景三中拒绝吃饭的何阿姨，让她吃晚餐已然是不可能了。首先暂时要将饭拿走，查找“情绪干扰源”；然后由第三方帮忙给长者儿子打电话，通过与儿子通话，长者的情绪会稍加缓解；等长者情绪稳定后再问长者要不要吃点食物，并帮她重新准备。随着时间的推移，长者的坚持也会逐渐改变。

思考

1. 养老照护中的沟通技巧有哪些？

2. 在日常照护中，面对喜欢“找碴儿”的长者，照护人员应如何处理，如何做到理解长者的行为和言语。

结语

有时，去治愈；常常，去帮助；总是，去安慰。

——特鲁多

第二节 养老照护礼仪

一 仪容仪表礼仪

礼仪是一种基本的道德准则，不仅能反映一个人的文化修养和精神状态，而且能体现出一个人的品格、气质、风度以及其他方面的特征。它不仅是一种社会交往的基本要求，更是一种文明的象征。人们可以通过礼貌的行为来展示自身的文化素养、道德观念，从而更好地沟通想法、表达情感。

正如达·芬奇所说："从仪态了解人的内心世界，把握人的本来面目，往往具有相当的准确性和可靠性。"因此，照护人员的礼貌举止、文明用语、合适着装，都能给长者一种良好的印象，从而获得他们的信赖，并且建立起和谐的人际关系。

照护人员在说话、动作中展现出的愉悦态度能为长者带来快乐。仪容仪态的作用在于能展现一个人的文明、高雅、礼节。照护人员的行为标准是：尊敬长者、尊重传统、遵守规章制度、自重自爱，并努力做到坐立有序、落座有姿、行走有态、举手有礼。

虽说不可仅凭外表去评判一个人，但我们与他人初次相遇时，在交谈之前往往会不自觉地依据对方的服装、发型、姿势和表情等来判断并评价他人。

阿尔伯特·梅拉宾（心理学家）的实验结果表示，作为决定第一印象的标准，包括 3 个要素。从图 2.1 可以看出，在对人的第一印象的决定标准中，视觉信息约占 55%。第一印象在刚开始的 6 秒内便会形成，于是有了对对方的"好"或"坏"的印象。并且，第一印象一旦形成，就不会轻易消失。因此，在与他人接触时，维护好外在形象是非常重要的。

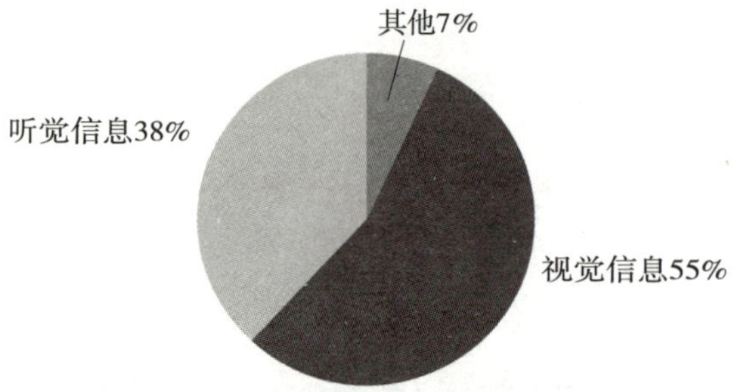

图 2.1　阿尔伯特·梅拉宾的法则

（一）仪容仪表与打扮的区别

仪容仪表：以他人为中心，注重他人的评价。其核心在于穿着得体，避免让周围的人感到不适。

打扮：以自我为中心，强调个人的喜好和审美。其重点在于自我满足，只要自己觉得好即可。

（二）仪容仪表的基本要求

仪容仪表是一个人形象的重要组成部分，其基本要求主要有以下几个方面。

（1）保持清洁是仪容仪表的基础。这不仅要求衣物整洁得体，还需注意头发、指甲的清洁与修剪，以及体味的控制。

（2）低调行事和稳重感是仪容仪表的关键。在服装选择上，应倾向于简朴大方的款式，避免过于花哨或夸张的设计。妆容方面，应追求自然淡雅，避免过于艳丽。领口的选择也很重要，应避免过于暴露或引人注目的款式，以免让对方感到不适或尴尬。

（3）根据时间、地点、目的或情况等，在不同的场合和情境下，应选择符合当时氛围和要求的服装和妆容。

（三）仪容仪表的具体要求

（1）服饰、鞋子。着装整洁、色彩淡雅、大方得体、鞋袜轻便，忌暴露、短装、光脚、拖鞋、戴影响工作的饰物等。

（2）头发、发饰。头发整洁，长度适宜、颜色自然，发饰简约大方、颜色协调。

（3）指甲。常修剪，不留长指甲。

（4）妆容。清爽，可化淡妆，忌浓妆。

（5）卫生要求。为了确保健康，应该培养良好的个人卫生习惯，如早晚漱口，常洗脚、洗澡，经常梳理头发、更换内衣等。此外，还应注意不让口、鼻、眼处出现污渍，并且在提供服务之前和之后按照七步洗手法彻底清洗手部，防止长者和个人被病毒感染。

二 语言礼仪

（一）合适的措辞

语言是人际沟通中不可或缺的工具，一句话足以影响他人对自己的看法。不恰当的措辞，有时会让对方误解，或让对方感到不悦，甚至可能会伤害对方，阻碍人际关系的和谐。

相反，恰当的措辞不仅是体贴他人的表现，更是个人修养与品位的体现。沟通时，设身处地地为对方着想，根据情境选用恰当的言辞至关重要。以下是关于正确使用语言的几点建议。

（1）正确使用礼貌用语。要使用符合对方立场或地位的、有礼貌的措辞。

（2）使用积极肯定的表达方式。否定的、消极的言辞往往会给他人留下消极的印象。为给他人留下好印象，要选择明朗、积极的用语。

（3）避免模棱两可的表达方式。模糊的日期、时间、场所和数量的表达，容易引起歧义。可以利用“5W1H”原则来确保信息的准确性，从而减少误解。Why（为什么），分析原因和目的；What（什么），对象和内容；Where（哪里），确认发生的场所和地点；When（何时），确定时间和顺序；Who（谁），识别相关的人员和责任者；How（如何），决定采取的方法和措施。

（4）注意称呼和敬称。在与长者及其家属交流时，为表达对对方的“尊重”，要注意称呼。提供服务的时间越长，越容易忽略与长者之间应该有的距离感。要时刻意识到对方是长者，接触长者时要尊重长者。

（5）正确使用词语。注意用词的准确性，不要模糊不清。要避免使用可能会刺激长者的词语。此外，尽量不使用口头禅和网络用语等。

（二）符合场景的措辞

照护人员的职业属于服务行业，要在意识到这一点的基础上，掌握服务过程中所需要的措辞。

表 2.1　照护人员常用的措辞

1. 早上好，您好	一天当中最初的问候，要大声、有精神
2. 请多关照	提供服务之前，先介绍自己
3. 打扰了	进入长者的卧室及私人空间时，请长者谅解
4. 好，我明白了	被长者委托做某事时
5. 非常抱歉	由于疏忽而给长者带来麻烦时，要诚心道歉
6. 不好意思	想请长者做某事时或想要请长者帮忙时
7. 谢谢	在服务最后，感谢长者接受服务时

（三）缓冲性言辞

在沟通交流时，问候是一种技巧，如“早”虽然只是一个字，却蕴含着温暖人心的力量，这就是缓冲性言辞的独特魅力。像缓冲器一样能够起到缓冲作用的语言，也能在涉及难以开口的事情时发挥作用。

表 2.2　缓冲性言辞

场景	缓冲性言辞的例子
拒绝时	真的非常抱歉…… 虽然很难开口……
拜托时	不好意思…… 麻烦您…… 如果您有空的话…… 给您添麻烦了……
反驳时	恕我冒昧…… 也许有点冒昧…… 您说得对，但是……

（四）体态语言

1. 手势语言

手势是体态语言中最常用的一种，它千变万化，表达的意思极其丰富。手是人体最灵活的器官，同时也是最容易体现一个人素质和修养的部位，因此，照护人员应该特别注意手势及其代表的意义。在工作中，照护人员应杜绝的手势有：指指点点、随意挥手、端起双臂、双手抱头、摆弄手指、手插口袋等。

2. 面部语言

决定第一印象的好坏不仅在于外在的仪容仪表和着装，还有面部语言。即使一个人衣着得体、谈吐优雅，但如果与人交流时面部始终冷淡，很容易给人留下冷漠、缺乏耐心的负面印象。这种面无表情的姿态不仅会削弱沟通效果，更会在无形中筑起一道心理屏障，产生距离感，让他人不敢轻易接近。

眼睛：眼神能传递想法，能让人分辨出是善意还是恶意。用眼睛微笑，能够让对方感受到温暖与善意。

嘴：嘴部也会显露表情，嘴角向下会显得情绪低落或有所不满，要有意识地保持说“一”时的口型微笑。

下颚：下颚的高度能体现态度，扬得太高会让人感觉态度高冷，而收得太低又会显得缺乏自信。

笑容：在人际互动中，无论是被搭话、回应他人还是进行问候，真诚的笑容都具有独特的力量。它能够帮助对方敞开心扉、活跃交流氛围、建立信任关系，同时也能有效缓解紧张情绪，让对方感到安心。照护人员在照护工作中不仅要保持明朗的笑容，还应根据不同情境和具体状况，灵活运用表达内心的表情，使表情与情感相得益彰，从而提供更具人文关怀的照护服务。

严肃的表情：在倾听不满或投诉时、倾听长者说话（严肃的话题、认真的话题）时使用。

3. 头部语言

头部动作虽然看似简单，但其蕴含的情感表达却十分丰富。常见的头部动作包括点头、摇头、低头、抬头、仰头等，这些动作在不同情境下能够传递出细腻的情感变化。例如，轻微的点头可能表示赞同，而急促的点头则可能暗示不耐烦；缓慢的摇头往往体现深思熟虑后的否定，而快速的摇头则可能表达强烈的抗拒。

4. 眼睛语言

在礼仪修养中，我们强调用平和的目光进行交流。所谓平和就是平视，就是用温和的目光看待他人。包括的含义有以下几点：一是用平等的态度和目光看待人；二是用平常的心态和目光看待人；三是指目光应保持在与对方视线相平的位置，忌斜目而视。如果是在一两米的近距离范围内，扫视他人不能超过 3 秒，否则容易引起他人的疑心或反感。不要斜视对方，而应从正面看对方。凝视对方不要超过 15 秒。注视对方时，要把焦点放在左右两眼与嘴的三角形范围内。在打招呼的前后进行眼神交流。在说话或谈话中提及重要的部分时要看向对方的眼睛。视线的高度要与对方眼睛保持一致，不要左右移动眼球。

三 体态礼仪

优雅的体态并非与生俱来，而是需要经过长期的训练和积淀才能获得。只要有意识地努力，每个人都能够做到这一点。作为照护者，应该保持文明、礼貌的态度，并且保持良好的站立、行走和入座姿势。

（一）站立姿势

正确优美的站姿应该是：两足左右分开约 20 厘米，或者两足并立在一起，但不要太贴近，以站得稳当为好。女士可以把脚后跟并在一起，收腹挺胸，两肩保持水平，双臂自然下垂，头正，眼睛平视，下巴微收（如图 2.2 所示）。

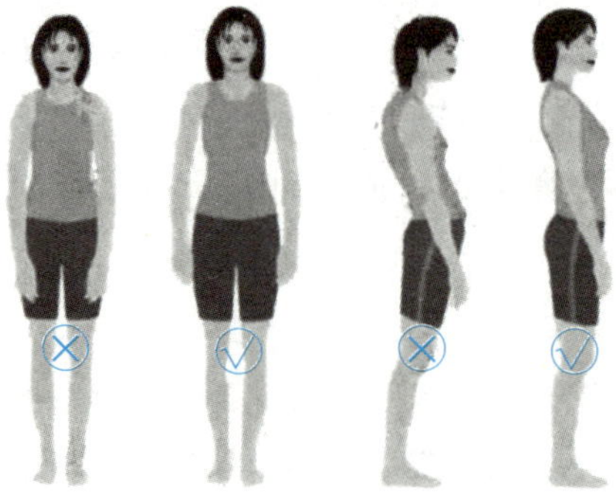

图 2.2 站立姿势

（二）走路姿势

步态是一个人最直接的身体表达方式，它可以展现出一个人的自信、快乐和友好。走路时，要轻松自然，不要拖着步子，也不要太快或太慢（如图 2.3 所示）。

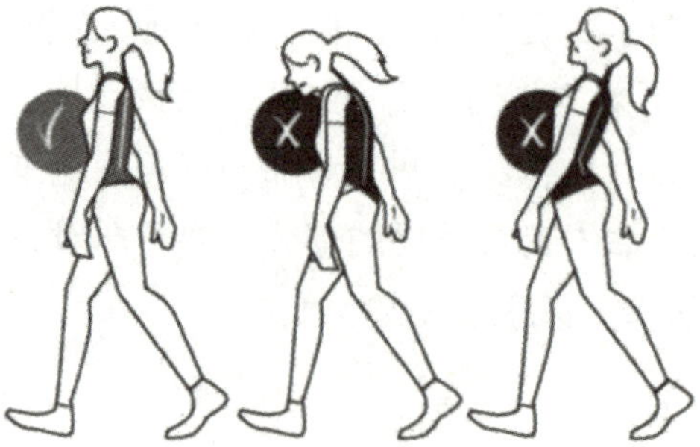

图 2.3 走路姿势

（三）入座姿势

不论坐在什么地方，头部都要正；上身要微微地向前倾斜；膝盖和双腿轻轻并拢，体现庄重、矜持的感觉；两脚并在一起，脚后跟微微抬起。这样不仅姿势好看，而且会给人一种沉稳、大方的感觉（如图 2.4 所示）。

图 2.4 入座姿势

对一些不文明、不雅观的坐姿，一定要注意避免。如叉开两腿、跷二郎腿、抖动腿、摇腿或把裙子掀起露出大腿，这些都是不雅的坐姿。

四 其他礼仪

（一）手持物品的礼仪

在工作中，照护人员经常需要协助他人手持物品。在持物时，需关注持物的稳妥性、自然度、规范性及卫生标准，确保服务专业且安全。

（二）递接物品的礼仪

在工作中，递送或接取物品，都是照护人员必须认真练好的基本功。递送物品时应注意的礼仪有：双手持物，主动上前，确保物品的朝向和位置便于对方接取；如果物品有尖锐部分（如剪刀、刀具等），应将尖锐部分朝向自己，避免给他人带来危险。接取物品时，应注意的礼仪有：目视对方，而不要只注视物品；应用双手或右手，绝不要单用左手；必要时，起身而立，并主动走近对方；等对方递过物品后，再用手接取，切勿急不可待地直接从对方手中抢夺物品。

（三）见面的礼仪

照护人员与他人见面时要表现出尊重和友好的态度，要掌握握手、鞠躬等礼仪。

1. 握手礼

握手时，要保持自然的姿势，面带微笑，用眼神交流，既要展现出热情、真诚的态度，也要体现自信和自尊。在行握手礼时，应该与受礼者保持一定的距离，身体略微向前倾斜，双脚并拢站立。

伸出右手，四指并拢，拇指张开同受礼者握手，并上下微动，礼毕即松开。

2. 鞠躬礼

鞠躬礼是一种传统的礼仪，旨在表达尊重、谦虚和敬意。它在多种场合适用，如朋友间的会面以及正式场合等。鞠躬时，身体先向前倾斜约 15°，然后恢复原位。行鞠躬礼时，受礼者也应以相应的礼貌姿态回应，如轻轻点头、微笑，或者伸出右手回应。

（四）接听电话的礼仪

照护人员在接听电话时，需要熟练掌握一些基本的礼仪。比如，接到电话后要耐心倾听对方讲话，不打断；说话时语气要亲切、温和，语速适中，确保对方能听清；对问题的回答要简洁明了。

（五）出行礼仪

右为大，左为小。二人同行，右为尊；三人并行，中为尊；三人前后行，前者为尊。进门、上车，应让尊者（长者）先行。上楼时，尊者（长者）、女性在前；下楼时则相反。上车时，尊者（长者）从右侧上车，等尊者（长者）上车后，其他人再从车后绕到车左侧上车，坐在尊者（长者）左侧。

思考

小组讨论，总结自身在工作礼仪方面的优点及不足。

结语

举止是映照每个人自身形象的镜子。

——歌德《亲和力》

第三节　生命历程、尊严维护及自立支援

一　生命历程

（一）人的生长发育阶段

1. 婴儿期

婴儿期是指从出生到 1 岁以前的时期。此时的婴儿生长发育特别迅速，是人一生中生长发育最旺盛的时期。

2. 幼儿期

从 1 岁至 3 岁被称为幼儿期。这一时期是儿童智力发展非常迅速的时期，既是特殊才能开始展现的时期，也是个性、品质开始形成的时期。幼儿期个性的形成是以后个性发展的重要基础。

3. 童年期

包括学龄前期和学龄期。从幼儿期结束到入小学前，即 3 ~ 6 岁，属于学龄前期。学龄期从入小学到青春发育开始，通常指 7 ~ 12 岁。

4. 青春期

青春期是指以生殖器官发育成熟、第二性征发育为标志的有繁殖能力的时期，在人类及高等灵长类动物中，雌性以第一次月经出现为标志。青春期是儿童逐渐发育为成年人的过渡时期，是人体迅速生长发育的关键时期，也是继婴儿期后，人生第二个生长发育的高峰期。

5. 成年期

一般是指个体从 24 ~ 25 岁起到 60 岁的时期。通常人们又把这个时期划分为两个阶段：成年前期，即从 24 ~ 25 岁到 40 岁；成年后期，即 41 ~ 60 岁。成年期身心发展变化比较平稳，不像童年期、青春期或老年期那么显著和剧烈。

6. 老年期

老年期作为人生发育过程的最后时期，特点是身体各器官和组织出现了明显的退行性变化，心理方面也发生了相应改变，衰老现象逐渐明显。衰老与一般健康水平有关，不同时代、不同地区的人，衰老进度也不同。

人类在不同人生阶段往往有着各自相异的生活重心和责任担当。照护人员可以以自身所处的人生阶段思考自己的职责并进行换位思考，如果自己是一名进入老年期的长者，未来的生活将以什么为重心，又会发生哪些变化？

（二）衰老的生理和心理变化

衰老是指机体的生理和心理适应能力降低、逐渐趋向死亡的现象。衰老可分为两类：生理性衰老和病理性衰老。前者指进入老年期后出现的生理性退化，后者是各种外来因素（包括各种疾病）导致的变化，二者实际上很难区分。总之，衰老是病理、生理和心理过程综合作用的必然结果，是个体生长发育的最后阶段。

1. 衰老的生理变化

（1）外表（姿势、皮肤、毛发、指甲）的变化。

（2）免疫功能的变化。

（3）感觉（视觉、听觉、嗅觉、味觉、触觉、痛觉、平衡）功能的变化。

（4）体温调节功能的变化。

（5）咀嚼及消化（咀嚼、吞咽、吸收）功能的变化。

（6）循环系统变化——高血压。

（7）呼吸系统变化——肺部疾病。

（8）肌肉、骨骼（骨质疏松、肌肉力量下降）的变化。

（9）泌尿系统的变化——漏尿。

（10）认知功能障碍——认知障碍。

老年期身体各个器官和系统的功能变化请参照表 2.3。

表 2.3　老年期身体各个器官和系统的功能变化

器官、系统	功能变化	对日常生活的影响
心脏、循环器官	· 左心室肥大，重量增加 · 收缩期血压上升，扩张期血压下降 · 血管硬化、血管内径缩小，导致血液流动困难 · 瓣膜肥厚、硬化、钙化 · 刺激传导系统变化 · 冠状动脉粥样硬化	· 心脏肥大 · 血压上升 · 心悸、呼吸不畅、胸痛等 · 大动脉瓣关闭不全，二尖瓣关闭不全 · 心律不齐的频率提高 · 缺血性心脏病

续表

器官、系统	功能变化	对日常生活的影响
呼吸器官	· 肺弹性、收缩力下降 · 肋软骨钙化，呼吸肌变弱，呼吸运动水平下降 · 肺活量减小 · 声带萎缩 · 气管、支气管黏膜对刺激的反应弱化 · 脊柱前屈、胸廓的前后半径增大	· 气体交换受损，呼吸困难 · 轻度运动也会引发呼吸不畅 · 肺部残留气体增多 · 无法大声说话 · 将痰等异物咳出来的能力减弱 · 易患支气管炎、肺炎、肺气肿等疾病 · 呼吸运动受限
消化系统	口腔 · 牙齿脱落，露出牙根，牙垢与牙石沉积，牙周组织老化，咬合能力下降 · 唾液腺萎缩，唾液分泌量减少 · 咽喉功能下降，容易误咽 食道、胃 · 食道蠕动功能下降 · 胃的蠕动功能下降，消化吸收与胃的排出能力减弱 · 胃液分泌减少 · 大肠蠕动能力显著下降 · 水分吸收能力下降 · 肝脏的代谢、解毒，胆汁的产生功能下降	· 咀嚼能力下降 · 进食困难 · 口臭 · 口腔内容易干燥，容易卡喉 · 食物停滞与消化物逆流向食道，出现反流性食道炎 · 食欲低下，消化吸收能力下降 · 消化不良 · 消化道内的食物停滞时间延长，容易引起便秘或腹泻 · 出现脱水症 · 过度服用药物、连续使用药物，容易出现药物中毒反应
肾、泌尿系统	· 肾小球的滤过率下降，尿的重吸收功能下降，肾血流量减小 · 膀胱平滑肌纤维化、弹性减弱、萎缩，造成膀胱容量减小 · 膀胱的伸缩力下降 · 尿道括约肌松弛 · 男性前列腺肥大压迫尿道	· 尿的浓缩作用减小，小便次数增加，容易出现脱水、盐分损失 · 过度用药、持续用药导致排泄变慢，引起药物中毒反应 · 尿频 · 尿不尽 · 出现小便失禁 · 排尿困难
生殖系统	· 男性精巢缩小，制造精子的精细管减小，男性荷尔蒙分泌减少 · 女性卵巢缩小，出现闭经的情况，女性荷尔蒙分泌减少	· 勃起能力减弱，勃起时间减小 · 射精量减少 · 白带分泌所需时间增加，量也会减少，出现性交痛
骨骼运动系统	· 骨量减少 · 骨密度降低 · 骨中的钙减少 · 关节软骨丧失弹性，引起关节变形 · 肌肉萎缩导致驼背，出现前屈的体态 · 骨骼肌减少，四肢变细	· 出现超过生理范围的骨质疏松症 · 容易骨折 · 关节可活动范围缩小，运动受限 · 出现关节痛 · 不活动时容易出现痉挛 · 行走、站立的姿势出现问题，难以保持平衡 · 容易摔倒

续表

器官、系统	功能变化	对日常生活的影响
神经系统	·脑萎缩（大脑萎缩加快） ·神经细胞减少 ·神经元传感功能下降 ·恒常性维持能力下降 ·多巴胺分泌减少	·认知功能下降 ·脑内信息处理速度变慢 ·瞬间判断与反应迟缓 ·防御力、预防力、适应力、恢复力下降 ·易患帕金森病
感官系统	视觉 ·毛样肌肉萎缩，晶状体弹性下降 ·调节能力下降 ·晶状体混浊，眼花 ·视野变小 ·视力下降 听觉 ·听力下降（对高声调的感应能力下降） ·语言辨别能力下降，方向感下降 平衡感觉 ·平衡功能下降 味觉 ·味蕾细胞减少 ·唾液分泌量减少 ·味觉下降 嗅觉 ·嗅觉细胞减少，嗅觉功能减弱 皮肤感觉 ·表层感觉、深层感觉下降 ·寒冷刺激与产热能力下降	·老花眼 ·光暗适应性下降，在漆黑的地方活动困难 ·白内障，在低亮度的地方颜色分辨能力下降 ·青色与紫色、白色与黄色的分辨力下降 ·易撞到东西、跌倒，寻找近处东西的能力下降 ·听不清别人讲话 ·容易出现漏听、错听的情况 ·无法区别语言与杂音 ·对相似声音的分辨力变差，无法分清声音源头 ·对危险的探知力下降 ·容易发生跌倒的危险 ·口味变重 ·吃饭时总感觉没有味道，食欲下降 ·对危险物品的反应迟钝 ·对外在刺激的反应迟钝 ·适应力下降
皮肤	·皮脂分泌量减少 ·皮下组织变薄 ·皮下脂肪减少 ·毛细血管减少，指甲上容易出现纵向的甲凹	·出现皱纹，皮肤干燥，弹力下降，出现瘙痒 ·骨头凸出，容易被压迫 ·指甲时而坚硬时而脆弱
血液、免疫系统	·红细胞减少 ·造血功能下降 ·免疫功能下降	·容易贫血 ·身体易疲倦，活动能力下降 ·容易患传染病与恶性疾病
内分泌系统	·荷尔蒙分泌减少 ·性激素分泌减少	·出现更年期障碍等问题 ·骨密度减小，骨头变脆
代谢系统	·基础代谢能力下降 ·耐糖能力下降 ·胆固醇与甘油三酯症状增多	·产热能力下降 ·容易患糖尿病 ·血压上升，出现动脉粥样硬化症

2. 衰老引发的心理变化

衰老除了引起的身体功能变化，长者在家庭关系、人际关系、职场生活等方面也会出现相应变化，这些变化会对长者的心理产生巨大影响。在社会关系的变化中，长者与家人的关系相较以前更加重要。在有关老年人“谁是你的心灵支撑”的社会调查中，朋友所占的比重是 15.5%，而配偶和子女所占比重都在 50% 以上（配偶 65.3%、子女 57.4%）。

然而，随着家庭结构的急速变化，长者对家庭关系的诉求与现实形成了巨大的矛盾。调查显示，超过半数的老年人将子女视为主要的精神支柱，然而代际分居已成为普遍现象。在此背景下，维系良好的亲子关系对长者的心理健康和生活质量至关重要。值得注意的是，在社会经济快速发展和多元文化冲击的双重影响下，中国传统大家庭模式日渐式微，三代同堂的居住形态更是日趋减少。与之相对应的是，独居老人和高龄空巢家庭的数量持续攀升，这一现象已演变为不容忽视的社会问题，亟待社会各界的关注与应对。

二 尊严维护

养老照护人员的主要职责是当长者因身体机能衰退无法独立完成日常生活活动时，通过专业照护服务，帮助他们维持与以往相近的生活质量。在现代养老照护领域，维护长者的尊严已成为日益重要的关注点。

（一）尊严的概念

尊严是一个内涵丰富且复杂的概念。从一般意义上讲，尊严是指人内在的、不可侵犯的价值和地位，是人对自身价值的认知和确信。它包含个人的自尊和受他人尊重的权利。简而言之，尊严就是权利和人格被尊重。尊严是人类社会生活不可或缺的一部分，它对个人和社会的发展都具有重要意义。

在现代养老照护工作中，照护人员的职责不仅在于保障长者的安全与健康，更在于尊重并维护他们的尊严，帮助他们尽可能地实现生活自立。同时，照护者还需适时充当长者的“代言人”，为其发声，捍卫其基本人权。这一职业承载着深厚的人文关怀与社会责任，是一项具有崇高社会价值的工作。

（二）遵守伦理的照护行为

养老照护工作对伦理性有很高的要求，照护人员不仅要精心处理食物、卫生等与长者生存相关的基础事务，还要协助长者排泄、入浴等与其隐私和尊严相关的事务。在这种情境下，长者往往不愿意让别人看到自己“脆弱的一面”，但又不得不将隐私暴露给照顾自己的人。正因如此，养老照护人员必须具备极强的伦理意识与较高的职业素养，接受专业的伦理教育，不断提升自己的职业道德与职业素养。在日常照护工作中，养老照护人员的照护行为需要注意以下几点。

（1）与其为不能遵守的约定找借口，不如事先想清楚自己是否能够遵守约定。

（2）在与长者接触时，不要把长者当作“弱者”，更不能将自己的服务看成是一种“施舍”，不能有“居高临下”的想法。

（3）保护长者的隐私，不将长者的隐私泄露给他人，不将长者特别是身体功能有障碍的长者的隐私暴露，不在背后随意议论长者的隐私。

（4）不以工作等为借口敷衍长者的合理需求，不以工作效率和安全等为由限制长者的自由，特别是对有身体功能障碍的长者更要细致照护。

（三）维护长者尊严的照护

维护尊严的照护指的是当长者因年龄或健康需要他人协助时，通过养老照护人员的照护服务，帮助他们过上和以前（需要他人照护之前）类似的生活。

作为养老照护人员，要懂得任何一位长者都是一个特别的存在，只有懂得了这个道理，才能对他们产生尊重感，才能把他们作为一个个体、一个单独的人来看待，尊重他们的经历、生活方式和习惯，而不是像流水线作业一样，毫无情感地以效率为第一目标去提供照护服务。

照护人员维护长者的尊严，不仅能促进长者的心理健康，还能提高长者的生活质量，同时是社会文明的重要体现。以下是一些维护长者尊严的常见照护方式。

（1）尊重长者的意见和选择。在日常生活的各种决策中，照护人员应尊重长者的意愿，避免替他们作决定，如饮食偏好、活动安排等，应充分征求他们的意见，让他们感觉到自己的想法被重视。

（2）给予充分的倾听和关注。认真聆听他们的话语、故事和想法，不打断、不敷衍，让他们有表达自我的机会。

（3）保护个人隐私。在照护长者的过程中，如协助其洗漱、更换衣物等，应注意遮挡和保护他们的隐私，避免让他们感到尴尬。

（4）维护其独立性。在能力范围内，鼓励他们自己完成一些事情，提升其自信心和自我价值感。

（5）尊重个人物品和空间。不随意翻动他们的物品，未经允许不改变他们房间的布置。

（6）避免批评和指责。对他们的不当行为，应以温和、理解的方式沟通和引导。

（7）给予平等对待。应秉持平等的原则对待长者，既不可因年龄因素歧视老年人，也不应过度强调其身体状况而差别对待。

三 自立支援

（一）自立支援的照护

“自立支援”中的“自立”绝不仅指长者身体行为方面的自立，更多的是指心理方面的自立以及周围人对其心理独立的尊重。长者对日常生活中的事情，都有自主决定的权利。养老照护人员应当积极维护他们的这种权利。无论是长者，还是自幼就需要他人照护的残障人士，心理的独立（自我决定、自我主导）才是一种真正的独立。

养老照护人员在照护服务中要从以下三个方面来体现“自立支援”的理念。

1. 创造适宜的生活环境

（1）物理环境的改造。

随着年龄的增长与身体机能的衰退，即便是在长期居住的熟悉环境中，当日常起居出现持续性障碍时，长者也难以维持正常的生活状态。通过系统性的居家适老化改造及辅助器具的科学配置，在充分尊重长者主体性的前提下，结合长者生活动线与行为习惯进行环境优化，可有效提升居家生活的安全性与便利性，帮助长者过上更有尊严的自主生活。

（2）心理环境建设。

① 防止出现功能退化。传统照护理念中，针对因年龄增长出现身体功能障碍或瘫痪的群体，通常建议采取卧床静养的方式休养。然而过度静养和长期卧床易引发废用性功能减退等问题。因此，除重度意识障碍或因病导致身体机能严重受损等特殊情况外，适度活动尤为重要。即便是通过少量日常活动来维持身体机能，也能帮助患者保持身体功能的活跃度，同时有助于重燃对生活的热情。

② 潜在能力的应用。虽然多数长者在养老照护中需要协助，但这并不代表他们的所有行为都需要依赖他人。在照护实践中，我们既要关注长者无法自主完成的事项，更应细致观察其行为过程，准确识别他们能够独立完成的事项，并通过正向激励激发其内在潜能，引导他们尝试通过努力实现可实现的目标。值得注意的是，有效调动长者的主观意愿和内在动机具有重要价值——即使某些动作尚未进入他们的实践范畴，只需护理人员转变思维方式，鼓励其勇于尝试，就有可能激发他们的潜在能力。在此过程中，照护人员需要运用专业观察技能和同理心与洞察力，持续发

现长者的能力增长点，并将这些发现转化为适切的生活实践方案，实现能力培养与日常生活的有机融合。

③ 建立更好的人际关系。人类无法脱离他人独自生活，尤其随着年龄增长和身体机能的退化，对他人的依赖程度会逐渐加深，更需要通过主动构建新的人际关系来获得支持。养老照护人员应着力帮助长者开展良性社交互动，在入住养老机构后协助其构建新的社交网络。通过创造丰富的沟通交流机会、组织多样化的文娱活动，引导长者积极参与集体生活，在互动中建立情感联结。这种通过社交支持提升长者生活质量的举措，正是养老护理工作中至关重要的专业职责。

2. 帮助长者提升生活能力并激发生活积极性

要有效提升长者的生活能力并激发其生活积极性，关键在于准确评估长者的基本生活能力水平。若强行要求长者完成超出其能力范围的事情，不仅存在安全隐患，还可能打击其自信心；反之，若设定的目标过低，则无法达到促进能力发展的效果。只有通过系统的能力评估，才能清晰界定长者日常生活中“已能独立完成的事项”、“当前可胜任的任务”以及“通过适度努力可能实现的目标”。

基于精准评估的结果，养老照护人员需着力营造支持长者“自立”的生活环境。例如，针对使用拐杖、行走不稳的长者，可尝试改用带刹车的助行器以增强稳定性；对于因慢性病导致下肢浮肿的长者，可更换可调节式鞋带的防滑鞋具；对手部灵活性下降难以自己系扣的长者，采用魔术贴设计的衣物则是更优选择。

通过这种适老化的环境改造，能够帮助长者在日常活动中逐步实现自主操作。当长者切实感受到自身能力的提升时，其生活的信心与积极性将显著增强，进而能更主动地尝试新的生活方式。这种正向激励将形成良性循环：能力提升—积极性增强—尝试更多活动—能力持续提升。在此过程中，照护者需要持续观察并及时调整支持方案，确保长者在安全范围内获得最大程度的自主发展空间。

3. 尊重长者的意愿，激发长者的自主决策意识

传统养老照护中，护理人员往往将长者定位为“需要照顾的弱者”。而当前国际先进的照护理念则强调激发长者的自主决策意识，鼓励其主动表达诉求，在生活事务中自主作出决定。当他们的自主决定得以实现时，不仅能获得成就感，还能激发更大的主动性，由此形成良性循环。

例如，因脑梗导致右侧肢体挛缩的长者，护理人员应鼓励其尝试用左手自主进食。如果护理员担心练习耗时过长而选择直接喂食，实质上是剥夺了长者自主进食的权利。这种行为不仅会导致长者自我认同感的丧失，还可能引发其对生活的消极态度。同时，每日就餐时宝贵的康复训练机会就会被浪费，手部及上肢功能可能会持续退化，最终陷入功能衰退与心理抑郁相互强化的恶性循环。

（二）个性化照护

1. 养老照护服务的目的

无论是在养老机构提供专业照护，还是在长者家中提供居家养老服务，养老照护服务的根本目标始终在于满足长者的日常生活所需。

说到“养老照护工作”，多数人仍将其理解为身体护理、餐饮制备、衣物清洗等具体的“实际操作行为”。然而从服务对象的视角来看，无论是居家上门服务、日间照料，还是机构养老服务，本质上都是帮助长者实现更理想的生活状态（better life）的辅助手段。这意味着入浴协助、排泄护理、进食支持等身体照护，以及膳食准备、衣物清洁等具体服务行为，其核心价值并不在于操作本身，而在于这些服务能否真正助力长者达到他们所期望的优质生活状态。

2. 个性化照护的重要性

高品质照护服务的核心在于理解并尊重长者的独特性与自主性，个性化照护是高品质照护服务不可或缺的组成部分。

对长者来说，养老照护服务除了为其提供生活帮助，还需要照护员从心理、生活习惯和兴趣爱好等方面为其提供专业性、有针对性和个性化的帮助。个性化照护能充分尊重并满足长者的需求，是对老年人尊严和权利的尊重，能够切实提升他们的晚年生活品质。

“个性化照护”需要注意以下几点。

◇有“自我”的生活状态，而绝不是一种固定的模式；

◇不要因为长者曾经的某些经历擅自给他们贴标签；

◇长者是生活的主体，尽可能让长者自己作决定；

◇尊重长者的生活习惯；

◇尊重长者的价值观；

◇了解长者以前的生活环境和文化背景。

3. 照护服务的思维转变

有功能障碍或需要照护的长者并非“特殊群体”或“异质化的存在”，不应被简单视为需要单方面施助的“困境群体”。传统社会福利观念往往将需要援助的对象标签化为特殊人群，但随着时代的发展，养老照护理念已发生了根本性的转变——服务提供者与接受者之间不再是不对等的关系，而是基于平等立场的双向互动关系。

如果未能充分理解“以长者为主体”这一核心理念，照护服务极易沦为供方主导的机械流程。这种本末倒置的思维方式会导致服务重心从“支持长者自主生活”

偏移至“完成既定服务任务”，使照护工作异化为流水线作业。在此情形下，照护人员可能会背离服务初心，而长者也将承受违背人本关怀的标准化服务，甚至可能引发严重的服务事故。

思考

1. 分组讨论，想象自己衰老后的样子，如果自己卧床不起，希望周围的人怎样对待自己。

2. 在工作中，我们有哪些不尊重长者的行为？思考这些行为，我们要怎么改正才是尊重长者。

结语

老来受尊敬是人类精神最美好的一种特权。

——司汤达

第四节　安全与卫生防护

一　长者的安全防护

（一）长者常见的安全问题

长者常见的日常安全问题主要有：跌倒、坠床、走失、噎食、烫伤及火灾等。

（二）安全问题的发生原因及预防

1. 跌倒的原因及预防

养老机构中长者跌倒的危害不仅限于身体损伤，还可能引发一系列连锁反应，严重影响生活质量甚至危及生命。

（1）常见原因。

① 肌肉力量减弱（如下肢无力）、平衡能力下降、反应迟缓。

② 视力减退（白内障、青光眼等）或听力障碍，影响对环境的判断。

③ 慢性疾病影响，如帕金森综合征、中风后遗症、认知障碍症等导致的步态不稳，骨质疏松、关节炎、髋/膝关节疼痛，以及低血压、心律失常、体位性低血压（突然起身时头晕），等等。

④ 地面湿滑（尤其是浴室、卫生间）、台阶无防滑条、走廊缺少扶手。

⑤ 照明不足（夜间灯光昏暗或开关位置不便）。

⑥ 衣物与鞋履不当。鞋底不防滑或衣物过长（如睡袍拖地）。

（2）跌倒预防。

① 衣着舒适得体。长者的衣物应以宽松舒适为主，尤其对于行动不便的长者，衣物不宜过紧或过长，以免增加跌倒风险。此外，过于复杂的衣物会增加穿脱难度，容易导致长者骨折。

② 环境安全适宜。确保地面无障碍物、无水渍，房间明暗适中，并在过道、卫生间、居室等区域设置防滑设施及扶手，以降低跌倒风险。

③ 定期行走训练。定期的行走训练有助于维持长者的平衡能力，防止其下肢肌肉萎缩，保持身体机能，从而有效预防跌倒事故的发生。

④ 陪伴与沟通。保持与长者的良好沟通，建立相互信任的关系，不仅有助于照护工作的开展，也是预防阿尔茨海默病的有效手段之一。

2. 坠床的原因及预防

坠床对长者而言，是不容忽视的安全隐患，不仅会造成骨折、头部受伤等直接损伤，还会引发一系列并发症，如卧床不起、感染、褥疮等，严重影响长者的生活质量，甚至危及生命。

（1）常见原因。

① 意识障碍。长者意识障碍由多种原因引起，如脑部疾病、神经系统退行性病变、药物使用不当或滥用药物等。具体表现为突发性头晕，眼前一片模糊，体位平衡失调，甚至出现无预警的跌落现象。

② 翻身不当。应不定期检查各种护理设施，根据长者的健康情况选用相应的翻身方法。

（2）坠床的预防。

① 调整生活用品。床、桌、椅的高度和摆放位置要合理，电线应收好固定，不要经常更换位置。日常生活用品不宜放得过高或过低，应放在长者容易取到的地方。

② 加强巡视。建立合理的巡视制度，建议每隔一小时或两小时巡视一次，如果发现异常应及时处理，并做好记录。

③ 加强协作。照护人员不能判断异常情况时，应及时向主管领导反映，同时做

好记录并做好异常情况的及时共享。

3. 走失的原因及预防

长者走失是一个令人担忧的社会问题。随着人口老龄化的加剧，长者走失事件的发生频率也越来越高。长者走失不仅给家庭带来巨大的痛苦，也给社会带来了一定的负担。

（1）常见原因。

① 患有阿尔茨海默病的长者因认知和判断力减退，面临较高的走失风险。

② 长者与家庭成员或照护人员发生矛盾，赌气离家或离院出走。

（2）走失的预防。

① 加强针对性沟通。对于有出走风险的长者，全体养老照护人员都要知晓，避免直接采用否定的沟通方式，应学会倾听，安抚长者情绪。在日常的相处中关注长者的健康及心理状况，及时发现异常。

② 制作身份卡。将身份卡缝制在长者的衣物上。身份卡上应有长者近期的生活照片、紧急联系人（多人）的电话号码、家庭地址等。也可以把长者的口头禅、习惯性行为举止等写到卡片上。

③ 保存长者近期照片。养老机构应保存有走失风险的长者的近期照片，并在照片上附有长者个人信息（居住地、紧急联系人等），方便意外发生时调用。

4. 噎食的原因及预防

随着年龄的增长，长者的吞咽功能逐渐减弱，这使他们更容易在进食时发生噎食。噎食是长者常见且危险的现象，急救不及时还容易发生生命危险。

（1）常见原因。

① 口腔、咽喉等器官的机能衰退。随着年龄的增长，长者的咀嚼和吞咽功能会逐渐减弱。尤其是一些常见的老年疾病，如中风、帕金森综合征、阿尔茨海默病以及误吸性肺炎等，都可能会对吞咽功能造成显著影响。

② 进食大块食物。长者进食体积较大或质地坚硬的食品时，发生噎食的风险较大。

③ 进餐时情绪波动。长者进餐时情绪激动或受到外界干扰时，也容易被打乱正常的进食节奏，发生噎食现象。

④ 进餐过多过快。一次性进食过多，食物容易堆积在口腔中；而进餐过快则可能会因食物温度过热或过冷造成吞咽困难。

（2）噎食的预防。

① 保持 90° 端正的坐姿。体位适宜，有助于进餐和吞咽。

② 食物软烂。尽可能提供易消化、易吸收的食品，如流食、碎食等。

③ 心情平静。进餐时力求让长者心情平和，长者如有需求可提供个性化饮食服务。

④ 现场巡视。长者用餐时需安排照护人员巡视，提醒长者细嚼慢咽，发现异常要及时采取对应措施。

⑤ 提倡喝水。喝水能有效改善咽喉部的生理状态，有助于增强长者的进食功能。建议成年人每日的饮水量为 1500 毫升，而长者由于多有疾病，可适当减少饮水量，或者遵医嘱。

5. 烫伤的原因及预防

长者皮肤较薄，对温度变化的感知能力下降，反应相对较慢，因此更容易发生烫伤。烫伤不仅会给长者带来肉体上的疼痛，还会导致感染、疤痕等情况的发生，严重影响生活质量。

（1）常见原因。

① 在同一部位长时间使用热水袋或保暖设备。长者末梢神经减少以及受糖尿病等疾病的影响，对温度的感知能力下降，因此更容易被烫伤。

② 泡脚水过热。患有糖尿病及各种皮肤疾患的长者，泡脚水温要严格设定在 40℃左右，时间不宜超过 10 分钟。

③ 洗澡水过热。由于长者皮肤屏障功能减退，皮脂分泌减少，容易出现皮肤干燥问题。当洗澡水温超过 40℃时，不仅会加速皮肤水分的流失，还可能导致皮肤烫伤。

④ 拿暖水瓶接开水或者倒开水时将热水洒在裸露的皮肤上。

⑤ 拔罐、艾灸操作不当。如拔罐和艾灸出现失误，导致长者烫伤。

（2）烫伤的预防。

① 正确使用热水袋，热水袋注水一般不超过容量的 2/3。

② 严格设定泡脚水温，根据每位长者的健康状况制定泡脚护理流程，内容包括水温、时间、当日的健康状况等。

③ 沐浴时水温 40 ~ 42℃，按照淋浴护理流程操作，内容包括淋浴前的设备点检和水温控制，以及每位长者的差异化护理需求等。

④ 为确保长者安全，应避免其使用暖水瓶等不常用且存在安全隐患的物品；对于行动不便或臂力不足的长者，应严格禁止其自行取用暖水瓶。同时，提供给长者的食物温度应适宜，不同食品的温度要求虽然有所差异，但一般不宜超过 45℃，以预防烫伤的风险。

6. 火灾的原因及预防

火灾不仅对长者个人，甚至对整个养老机构都会造成极大的危害。因此与上述长者个体性安全不同，养老机构应提高对火灾的重视和防范程度。

（1）常见原因。

① 卧床吸烟。养老机构虽然大多数禁止吸烟尤其是在床上吸烟，但个别长者由于常年习惯使然，会忍不住有此类行为。

② 乱扔烟头。这种现象既可能因长者的行为造成，也可能因工作服务人员的不严谨行为造成。

③ 蜡烛引燃。目前养老机构虽然不使用蜡烛照明，但在特殊情况下也会使用蜡烛。

④ 蚊香引燃。这一情况夏季尤其值得注意，存在一定的火灾隐患。

⑤ 电器使用不当。电器线路老化，特别是在一个插线板上连接多个电器而造成短路，这些都有可能引发火灾。

⑥ 用火不慎。厨房是火灾发生的重地。对用火集中区域应严格执行国家消防条例，专人专管，定期点检厨房各种设备，做好点检记录，同时全体员工应该定期参加消防演习。

（2）火灾的预防。

① 严格用火规定。配置专人每天检查用火区域，长者居室内不用明火。

② 清除火灾隐患。规范吸烟点，定期检查电线线路，规范插线板的使用。

③ 定期讲解灭火器具的使用方法。针对长者的特点，定期组织消防演习，讲解灭火器具的使用方法，以及火灾发生时的避难方法。

（3）灭火救护注意事项。

① 发生火灾时不贸然打开门窗。

② 身上着火时禁止奔跑。

③ 迅速拨打“119”火警电话。

④ 衣物着火时立即脱掉着火的衣物，尽快用湿被褥包裹身体。

⑤ 家具着火时用湿被褥、湿衣物捂盖着火的家具。

⑥ 家用电器或线路着火时首先切断电源，然后用干粉灭火器灭火。

（4）火场逃生注意事项。

① 预防烟雾中毒。

② 生命第一，不重财物。

③ 观察房门情况。

④ 及时求救。

二 长者的卫生防护

（一）卫生防护内容

长者的卫生防护内容比较广泛，不仅有物质层面的，也有精神层面的，本小节主要讲述物质层面的卧室卫生、环境卫生、个人卫生和饮食卫生四个方面。

1. 卧室卫生

卧室作为长者日常活动最频繁的场所，其卫生状况直接关系着他们的健康与生活质量。由于长者免疫力降低、呼吸道疾病易发等问题，维持卧室清洁不仅能有效预防疾病，更能提升长者的生活舒适度。

（1）保持整洁。每日定时清扫房间，物品摆放应尊重长者的使用习惯。房间整洁工作内容包括：定期更换被罩、床单、枕套，及时清洗睡衣，每日整理床头柜等高频接触区域。特殊时期可提高除尘除螨频次。

（2）科学消毒。针对长者免疫力低的特点，建议养老机构采取“紫外线循环消毒＋医用级擦拭消毒”组合方案。每日使用紫外线消毒机定时照射（避开长者活动时段），对门把手、照明开关等高频接触部位使用75%的医用酒精湿巾擦拭。须特别注意避免喷洒式消毒造成的地面湿滑和呼吸道刺激问题，条件具备情况下应优先选用物理消毒设备。

（3）空气流通。开窗通风是保持室内空气质量最有效的方式之一。但出于安全考虑，大多数养老机构房间的窗户通常设置为封闭或半封闭状态，且部分长者不习惯室内有风。因此除开窗外，应根据长者的生活习惯和居室条件，采取其他适宜的通风措施。

（4）阳光照射。长者卧室及卧具易受潮，充分利用阳光的干燥杀菌作用，是维持卧室卫生便捷有效的方法。如果室内可通过窗户获得阳光，应在征得长者同意后尽量打开窗帘，利用自然光照射；如果阳光照射不足，则需定期将被罩等床上用品拿到室外晾晒，以确保寝具的干爽洁净。

2. 环境卫生

这里的环境指长者日常活动的主要公共区域，即卧室以外的居住空间。这些区域既是长者生活的重要场景，也是与外界产生交互的主要场所，其环境卫生状况直接关系到长者的生活品质。

（1）过道。过道是长者与外部联系的必经之途，应确保地面清洁干燥、无杂物堆积或障碍物，扶手等高频接触部位应定期消毒，日常巡查须着重检查地面的防滑性能及照明设施，确保长者通行安全。

（2）卫生间。卫生间需保持良好的通风与干燥状态，地面应时刻保持干爽无积水。门把手、冲水按钮、水龙头等高频接触区域需每日重点消毒；马桶、便器等卫生洁具需彻底消毒并制定除臭作业流程，建议采用自动感应消毒设备与长效除臭装置相结合的管理模式。

（3）浴室。浴室作为易滋生细菌的场所，需特别注意通风换气与湿度控制。有条件者应配置抽风机保持空气流通及地面干燥，需及时清理积水。建议安装防滑地垫与紧急呼叫装置，同时建立常态化的清洁制度，每日至少进行两次全面消毒，重点处理地漏、置物架等易污染区域。

3. 个人卫生

个人卫生的重要性不言而喻，关键在于要尽可能根据长者的具体情况制订合理的照护方案，为其日常生活、口腔、淋浴等提供卫生照护。

4. 饮食卫生

俗话说“病从口入”，食品卫生是保障长者身体健康的关键。首先，养老机构提供的食品要符合国家卫生标准；其次，要尽可能使食品在保证营养基础上的色香味美；最后，还需要对家属探访时携带的食物严格把关，做好登记工作，以便在发生意外时迅速追溯源头。

（二）卫生防护要求

1. 卧室卫生防护

（1）保持卧室干湿度适宜。长者卧室过于干燥会导致空气中的粉尘、灰尘增加，影响长者呼吸，并且空气中的细菌和病毒也会增加。对此，建议使用加湿器等设备将空气湿度控制在 40% ~ 60%。

（2）充分采光，定时通风换气。阳光中的紫外线有杀菌作用，可有效减少细菌滋生；保持室内空气流通，不仅能有效降低空气中的细菌和病毒浓度，也有助于消除潮湿和不良气味。

（3）消毒杀菌灭虫不留死角。因为长者免疫机能降低，病菌对其造成的伤害远超过平常人，所以消毒杀菌工作不能马虎敷衍，除定期对卧室进行消毒杀菌外，对过道扶手栏杆、卫生间面盆便器、厨房灶具餐具，以及垃圾桶及其周边要重点清洁，不留卫生死角和盲点。

（4）室内公共区严格禁烟。不仅烟蒂是火灾的重大隐患，而且烟灰、烟雾也是污染空气的主要因素，因此养老机构内要设置吸烟区，提醒长者不能随便吸烟，对于来访的家属、亲友更要禁止吸烟，杜绝吸烟造成安全隐患。

（5）倡导“五不准”。即不准随地吐痰、不准乱扔杂物、不准随地大小便、不准乱泼脏水、不准乱倒垃圾。既要反复对长者讲解“五不准”的内容和意义，更要在走廊、卫生间等关键区域张贴倡导单、设置警示标识。

2. 环境卫生防护

（1）过道无障碍，地面无积水，扶手栏杆无灰渍。严禁在过道堆放杂物货品，地面地板拖洗后要尽快吹干，未完全干透前，应摆放标识禁止长者通行。确保过道照明设施完好，发现灯泡损坏须第一时间更换。

（2）卫生间无异味，便器无污渍。便器内残留的尿液和污渍是异味的主要来源，因此如厕后要及时冲水。如果条件允许，建议使用空气清新剂或空气净化设备以保持空气清新。

（3）保持浴室地面干燥，及时清除墙角浴盆周边滋生的霉斑。浴室容易积水，而且墙角浴盆周边容易滋生霉斑，所以一定要注意通风换气，尽可能用抽风机或干燥机保持室内干燥。同时，要注意对地漏的清洁处理，定期使用消毒液进行消毒。

3. 个人卫生防护

长者由于身体机能的衰退，更易受到细菌、病毒等病原体的侵袭，卫生防护能降低感染疾病的风险。

（1）加强洗手。长者在饭前饭后、服药前、如厕前后、运动和外出归来、去医院看病或者接触其他人后，都要洗手，尤其是接触血液、泪液、鼻涕、痰液或唾液后，要使用香皂或洗手液洗手。长者要养成凡有动作都要洗手的习惯。

（2）温水洗脸。保持整洁的面容对他人、对自己都是一项好的礼仪。男性长者要定期修面刮胡须，女性长者要注意卸妆和对面部进行保养，减少化妆等对面部的刺激和损伤。并且长者要注意定期更换毛巾，洗脸使用温水，水温控制在 40℃左右。

（3）定期洗头。长者要养成定期洗头的习惯，洗头后使用吹风机或毛巾处理湿润的头发，避免用力拉扯头发。

（4）清洗会阴。保持会阴部的清洁对个人卫生尤为重要，特别是女性。清洗会阴部要注意保护长者的隐私，水温一般为 38～40℃，根据情况，可以配合使用温和的清洗剂进行清洗。

（5）热水洗脚。根据长者的个人习惯，可使用温度高一点的热水洗脚。如发现长者有脚气，须按医嘱及时治疗。

（6）按时洗澡。长者洗澡前要检测血压及体温，洗澡时间不宜太短或太长，太短无法达到清洁的目的，太长则会使长者体力透支。所以洗澡时间控制在 15～30 分钟为宜，洗澡水温度夏季一般为 38℃，冬季可调升至 42℃左右。

（7）被服洗涤。长者的衣服及床上用品建议每周清洗一次，清洗时要使用无刺激性的清洁液，以确保彻底清洁，避免对皮肤造成损害。床垫一般不易清洁，可定期使用吸尘器和除螨仪清洁，或者在阳光下暴晒。

4. 饮食卫生防护

随着年龄的增长，长者的身体机能逐渐衰退，对食物的消化吸收能力也随之减弱。因此，长者的饮食是否卫生，关系到其身体是否健康。

（1）不喝生水。应避免让长者饮用未经煮沸的水，因生水中可能含有细菌、病毒及寄生虫等病原体。老年人免疫力随着年龄的增长逐渐下降，饮用生水易引发腹泻、呕吐、发热等健康问题。建议在长者日常活动区域配备饮水设备，确保其随时可以饮用适宜的温开水。

（2）不食冷饮。老年人肠胃功能较为脆弱，低温冷饮易对胃肠道产生强烈刺激，可能诱发腹痛、腹泻等严重症状。需特别提醒家属：陪同长者外出就餐时，应避免让长者食用冰镇饮品或冷冻食品，以防引发消化系统的不适。

（3）禁食剩饭菜。剩饭菜在存放过程中易滋生病菌和霉菌，同时营养成分大量流失。养老机构应严格执行新鲜餐食供应制度，不得提供隔夜食物。对于家属探访时携带的食品，需加强宣教管理，发现留存隔夜食物时应耐心说明风险，并协助进行妥善处理。

（4）生熟分离。厨房是卫生防护的重点，厨房及备餐间需严格执行生熟分开原则：处理生食与熟食的刀具、案板等用具应严格区分使用，严禁交叉混用。同时须重视厨房环境卫生，保持操作区域通风良好，每日定时清洁消毒厨具设备，确保饮食卫生安全防控措施得到有效落实。

三　照护人员的安全防护

作为老年人健康与福祉的守护者，养老照护人员不仅承担着关爱与陪伴老年人的重任，还要确保自身安全、防止交叉感染、保持身体健康。面对日常照护工作的挑战，照护人员不仅需要具备专业的照护技能，还需要掌握并严格执行个人防护措施，加强自我保护意识。这对保障养老照护工作的顺利进行、维护老年人及自身健康安全具有重要意义。

（一）照护人员的安全防护

（1）为了防止摔倒，在工作时要小心谨慎，穿着舒适的鞋子，确保室内光线充足，地面整洁无杂物。

（2）为了防止肌肉拉伤，应注重局部保护，确保手臂和脚跟的稳定性，并在受伤时及时采取必要的措施。

（3）为了保持健康，应该加强自我保健，如适当运动，尽量减少长时间的站立和蹲姿，并且可以佩戴一些护腰产品。

（4）预防流感、胃肠炎。

（5）预防来自长者及其家属的伤害。

（二）照护人员的自我照顾

养老照护人员在进行自我照顾时，除了要关注自己的身体、心理健康，还应在工作中正确应对压力、冲突，采用恰当的沟通交流方式。

1. 正确的压力应对方式

养老照护人员在工作中的常见压力源于照护对象及其家属、工作环境、社会以及自身等多个方面。

面对压力，照护人员可以采取一系列有效的处理方式。如通过提高认识和专业技能、加强沟通交流、合理安排工作与休息、寻求社会支持等方式，可以有效地应对这些压力，保持良好的工作状态和身心健康。

2. 恰当的沟通交流方式

养老照护人员与长者沟通交流时应当采取恰当的方式，如耐心倾听，尊重理解；语言温和，清晰易懂；表情亲切，肢体语言辅助等。这些方式能有效建立信任关系，提升照护质量，满足长者的情感与身体需求。

3. 正确的冲突应对方式

养老照护人员在面对冲突时，应保持冷静、积极沟通、寻求解决方案、遵循原则与规范，并注重后续的跟进与反思。通过这些方式，照护人员可以有效化解冲突，维护长者的权益和尊严，同时促进与长者及其家属建立和谐的人际关系。

思考

如何开展长者居家环境安全评估

案例

陈爷爷今年85岁，是社区内的一位独居长者，有两个儿子，配偶多年前去世，大儿子也因车祸意外去世，小儿子和他住在同一个小区。

陈爷爷平时喜欢外出散步，与大儿媳的关系一般，自从大儿子离世后，大儿媳与陈爷爷的关系更加淡薄，基本不会关心陈爷爷的日常生活。小儿媳和陈爷爷的关系也不是很好，平时生活上也不愿意主动照顾。

陈爷爷没有经济来源，独自居住在一间30平方米左右的屋子里，屋子里到处摆满了东西，白色的地板已经脏得看不出原来的颜色。家中的采光主要依靠入户门，电灯是老式的灯泡，灯光比较暗。

解析：

1. 长者的居家安全意识比较低，狭小的房子里堆积了不少杂物，活动的范围很小，通道比较狭窄，存在容易绊倒、跌倒等安全隐患。

2. 家中的照明不足，唯一的采光点是大门，晚上电灯比较昏黄，生活环境黑暗，影响长者的日常生活。

3. 长者独自居住，一方面与家人的关系比较淡薄；另一方面随着年龄增长和身体不适等原因，外出的次数减少，独处的时间增多，使长者容易产生孤独的情绪，期望可以得到情感支持和精神慰藉，缓解孤独情绪。

结语

人生欲求安全，当有五要：一要清洁空气；二要澄清饮水；三要流通沟渠；四要洒扫房屋；五要日光充足。

——南丁格尔

第五节　消防安全

一　消防常识

（一）灭火的主要方法

当养老机构发生火灾时，灭火的方法主要有以下几种。

（1）隔离法。迅速将着火区域或物体与周围的可燃物进行有效隔离，防止火势蔓延。

（2）窒息法。阻断空气流入燃烧区域，或使用不燃烧的物质稀释空气中的氧气，使火因缺氧而熄灭。

（3）冷却法。直接将灭火剂喷射在燃烧物上，将燃烧物的温度降低至燃点以下，从而熄灭火焰。

（4）抑制法（化学法）。将具有抑制作用的灭火剂喷射到燃烧区域，通过化学反应中断燃烧链，达到灭火的目的。

（二）消防安全“四能力”

消防安全应具备以下四种能力。

（1）检查消除火灾隐患的能力。定期检查用火用电情况，严禁违章操作；检查通道出口，严禁堵塞封闭出口；检查设施器材是否完好有效，严禁损坏挪用；检查重点部位，防止失控漏管。

（2）扑救初期火灾的能力。工作人员应熟悉初期火灾的扑救方法，一旦发现火灾，须立即行动，在 1 分钟内形成第一灭火力量进行初期扑救；火灾确认后，单位应在 3 分钟内形成第二灭火力量，进行更有效的火灾扑救。

（3）组织疏散逃生的能力。养老机构的所有员工都应熟悉疏散路线、安全出口以及疏散步骤，掌握应急处置技巧。

（4）消防宣传和培训的能力。配备专业的消防宣传人员，设置明显的消防标识，建立健全完善的培训体系，确保每个人都能熟练掌握消防安全知识。

二 火灾预防

（一）消防责任体系建设

（1）确定消防安全管理人。

（2）提供充分的组织和经费保障。

（3）落实单位及个人的消防安全责任。

（4）全面掌握本单位的消防安全情况。

（5）建立健全组织架构：从消防安全责任人至基层员工，包括消防安全管理人、保卫部门、部门消防安全责任人、消防控制室值班人员、自动消防设施操作维护人员、保安人员、志愿消防队成员等。

（二）落实巡查制度

（1）确保消防通道畅通无阻，水源充足，防火间距合规。

（2）定期检查控制室值班情况、设备运行状态及记录。

（3）核查消防设施、器材的完整性与有效性。

（4）检查安全疏散通道与安全出口的畅通情况。

（5）检查用火、用电有无违章情况。

（6）审查内部装修材料使用情况。

（7）审查重点部位管理与监控情况。

（8）考察重点工种人员以及其他员工消防知识的掌握情况。

（9）实施防火巡查情况。

（10）监督火灾隐患的整改情况以及防范措施的落实情况。

（11）检查其他需要检查的内容。

三 逃生自救与初期火灾扑救

（一）报警和疏散同步开展

养老机构发生火灾时，首要的任务是及时拨打“119”报警电话。为了确保所有长者的安全，特别是针对那些身体虚弱、卧床不起或无法自理的长者，要组织人员进行重点援助和快速疏散。在疏散过程中，应确保一切工作有序进行，并及时核实、清点人数，避免遗漏。

失能长者因行为能力受限，须借助专项协助方可完成安全疏散，以下措施至关重要。

（1）提前准备。养老机构须提前配备担架、轮椅等疏散辅助设施。

（2）优先处置。接到火警信号后，工作人员首先应立即前往失能长者住处，优先开展转移安置工作。

（3）安全转运。在疏散过程中，根据长者的实际情况，可灵活采取背、抬、抱等多种转运方式。

（二）防烟雾中毒

火灾产生的烟雾通常含有有毒气体，对人体健康会造成严重威胁。正因如此，正确掌握防烟面罩的使用方法至关重要。

1. 防烟面罩的使用方法

（1）在佩戴防烟面罩之前，应该仔细检查面罩的完整性，以确保它与脸部紧密贴合，没有任何裂缝或破损。

（2）打开防烟面罩的包装袋，取出面罩。

（3）拔掉前后两个罐塞。

（4）将面罩对准口鼻部位，迅速将头带拉至头顶。

（5）用双手将下部的头带拉向颈后，并适当调整头带的松紧，确保面罩与面部紧密贴合，无漏气现象。

2. 预防措施

建议在长者床头固定放置500毫升的瓶装水，一旦发生火灾，立即泼湿被子，代替湿毛巾捂住口鼻。同时可配备一些求救工具，如口哨、手电等。因长者体力有限，这些工具可以帮助他们发出求救信号或辅助逃生。

3. 制订预案

在养老机构发生火灾时，应该采取有效措施，尽量减少人员聚集，以防止踩踏事故的发生。为了确保长者的安全，应当根据实际情况，设计合理的疏散路线，并制订完善的应急疏散预案。

四 养老院消防疏散演练要求

养老机构进行消防演练时，要符合实际，基本要求如下：1分钟到达火场，3分钟疏散完毕，5分钟处置初期火灾，10分钟消防队处置。

（一）“1分钟”

1. “1分钟”处置程序

当消防控制室的值班人员收到控制室设备发出的报警信号时，应立即前往系统报警点进行处理。在平面图中核实报警点对应的部位，通知安保人员及与报警地点距离最近的工作人员携带通信工具、灭火器和防烟面具，迅速赶到报警部位核实情况。消防设施操作人员在控制室内随时准备操作系统。

2. “1分钟”任务分工

消防控制室1号值班人员负责查看报警点所对应的部位；消防控制室2号值班人员负责通知安保人员及距离报警部位最近的工作人员到现场查看；安保人员和离报警部位最近的工作人员负责到现场核实警情并进行灭火。

3. “1分钟”携带器材装备

安保人员及离报警部位最近的工作人员持通信工具、灭火器和防烟面具。

4. “1分钟”注意事项

做好个人防护；如火势较大，无法控制，应立即呼叫增援力量；向消防控制室报告着火的准确部位、燃烧物等情况。

（二）“3 分钟”

1.“3 分钟”处置程序

安保人员及工作人员现场核实报警部位确实起火后，应立即通知消防控制室，消防控制室 1 号值班人员应将系统联动控制装置调整到自动状态，同时，2 号人员立即拨打“119”电话，向消防救援机构报警，说明发生火灾的单位名称、地点、起火部位、联系电话和燃烧物等基本情况。

消防控制室 1 号人员应通知值班领导立即组织灭火组、救护组、疏散组、警戒组等灭火救援力量在 3 分钟内赶赴现场，按任务分工进行处置。

2.“3 分钟”任务分工

灭火组（不少于 3 人）就近利用室内消火栓进行灭火。

救护组（不少于 3 人）到现场搜救和救护伤员。对行为能力不足需要他人协助进行安全疏散的长者，救护人员应立即前往失能长者住处进行疏散，并准备担架等疏散辅助设备，在疏散过程中，应采取背、抬、抱等方法进行。

疏散组到现场后，要逐个房间搜救、引导人员疏散，疏散完毕的做好记号。

警戒组到现场设置警戒区域避免无关人员进入现场，影响火灾处置，同时负责接应消防队到场。

3.“3 分钟”携带器材装备

为了确保安全，消防人员必须身着消防服，佩戴防护口罩，配备手电筒以及其他必要的救援装备；救援人员必须穿上防护服，携带担架、急救药品箱及强光照明设备；疏散组人员应佩戴防烟面罩并携带强光灯和适量的毛巾；警戒组人员应配备警戒带。

4.“3 分钟”注意事项

（1）做好个人防护。

（2）火势较大，不能控制时，应立即呼叫增援力量。

（3）救护人员应该采取科学、合理的措施拯救受伤者，以防止其再次受到伤害。

（4）灭火组人员要合理选择灭火器。

（5）疏散组人员要合理选择疏散路线，在人员疏散完毕的房间门上做好标记。

（6）警戒组应当加强警戒，以确保消防车辆和消防队伍能够安全有效抵达现场，并迅速开展灭火救援工作。

（三）“5 分钟”

1.“5 分钟”处置程序

现场火势较大，消防队还没有到达现场时，养老机构应组织本单位的安全人员

（不少于 10 人）到现场增援灭火。

消防队到达后，养老机构值班领导应主动汇报现场情况，协助消防队做好警戒、疏散、灭火工作，并配合 120 做好救护等工作。

2. “5 分钟”任务分工

（1）养老机构的安全人员负责灭火。

（2）消防控制室 1 号人员准备好各楼层的平面布置图。

（3）养老机构安排人员接应消防队快速赶到火灾现场。

3. “5 分钟”携带器材装备

穿戴灭火服、佩戴防烟面罩（空气呼吸器），携带腰斧、强光灯和破拆工具。

4. “5 分钟”注意事项

做好个人防护。

（四）“10 分钟”

1. “10 分钟”处置程序

辖区消防救援大队、中队指战员到场处置。

2. “10 分钟”任务分工

协助消防队做好警戒、疏散、灭火以及救护后勤保障工作。

思考

请模拟实际情景，设计一份养老机构的消防演练应急预案。

结语

凡事预则立，不预则废。

——《礼记·中庸》

第六节　相关法律法规

养老照护人员作为老年人生活照料、护理服务的重要提供者，必须熟悉并遵守相关的法律法规，以确保服务过程的合法性和规范性。通过学习和掌握相关法律法规的内容，养老照护人员可以提高自身的法律素养和服务水平，为老年人提供更加优质、安全的养老服务。同时，养老照护人员也应积极维护自身的合法权益，为我国养老事业的发展贡献力量。本节将重点介绍与养老照护人员工作密切相关的法律法规中的相关规定。

一 《中华人民共和国劳动法》

（一）劳动合同

劳动合同是劳动关系建立、变更、解除和终止的一种法律形式，劳动合同的订立必须遵循合法、公平、平等自愿、协商一致等原则。

劳动合同应当以书面形式订立，并具备以下条款：劳动合同期限；工作内容；劳动保护和劳动条件；劳动报酬；劳动纪律；劳动合同终止的条件，违反劳动合同的责任。除了必备条款，当事人可以协商约定其他内容。

（二）劳动者的权利义务

根据我国劳动法的规定，劳动者的权利包括：享有平等就业和选择职业的权利、取得劳动报酬的权利、休息休假的权利、获得劳动安全卫生保护的权利、接受职业技能培训的权利、享受社会保险和福利的权利、提请劳动争议处理的权利以及法律规定的其他劳动权利。

劳动者的义务包括：应当完成劳动任务，提高职业技能，执行劳动安全卫生规程，遵守劳动纪律和职业道德。

（三）工作时间和休息休假

1. 工作时间

我国劳动法规定劳动者每日工作时间不超过 8 小时，平均每周工作时间不超过 44 个小时。

2. 休息休假时间

休息时间是指劳动者工作日内的休息时间、工作日间的休息时间和工作周之间的休息时间；法定节假日休息时间、探亲假休息时间和年休假休息时间则被称为休假。

劳动法规定用人单位在元旦、春节、国际劳动节、国庆节以及法律法规规定的其他节假日应当安排劳动者休假。

3. 延长工作时间

延长工作时间是指在标准工作时间之外延长劳动者的工作时间，分为加班和加点。劳动法对延长工作时间的长度、延长工作时间的条件都有具体的规定。

（四）工资

1. 工资分配的原则

工资分配一般遵循按劳分配、同工同酬的原则；工资水平在经济发展的基础上逐步提高的原则；工资总量宏观调控的原则；用人单位自主决定工资分配方式和工资水平的原则。

2. 最低工资

最低工资是指劳动者在法定工作时间，或依法签订的劳动合同约定的工作时间内提供了正常工作的前提下，用人单位依法应支付的最低劳动报酬。用人单位支付的工资不得低于当地最低工资标准。

在劳动合同中，双方当事人约定的劳动者在未完成劳动定额或承包任务的情况下，用人单位低于最低工资标准支付劳动者工资的条款不具有法律效力。

（五）劳动安全卫生

我国劳动法规定，用人单位必须建立、健全劳动安全卫生制度，严格执行国家劳动安全卫生规程和标准，对劳动者进行劳动安全卫生教育，防止劳动过程中的事故，减少职业危害；劳动安全卫生设施必须符合国家规定的标准；劳动者在劳动过程中必须严格遵守安全操作规程；劳动者对用人单位管理人员违章指挥、强令冒险作业，有权拒绝执行；对危害生命安全和身体健康的行为，有权提出批评、检举和控告。

以上有关劳动安全卫生制度的核心意义在于保障劳动者的健康与生命安全，明确企业责任，要求提供安全环境及防护措施，预防工伤和职业病的发生。

（六）女职工和未成年工特殊保护

1. 女职工特殊保护

法律规定了女职工禁止从事的劳动范围，这不属于对女职工的性别歧视，而是对女职工的保护。

对女职工特殊生理期间（经期、孕期、产期、哺乳期）的保护，也称为女职工的“四期”保护。

2. 未成年工特殊保护

未成年工是指年满十六周岁未满十八周岁的劳动者。

我国劳动法规定，不得安排未成年工从事矿山井下、有毒有害、国家规定的第四级体力劳动强度的劳动和其他禁忌从事的劳动。用人单位应当对未成年工定期进行健康检查。

除了以上内容，劳动法还对促进就业、劳动合同和集体合同、职业培训、社会保险和福利、劳动争议、监督检查、法律责任等作了具体规定。该法律的发布和施行，对于保护劳动者的合法权益，调整劳动关系，建立和维护适应社会主义市场经济的劳动制度意义重大。

案例分析：

案例：

王某与某老年福利院签订了5年的劳动合同。合同执行到第3年时，王某提出涨薪要求，福利院以“乙方的要求超出合同约定及公司支付能力”为由拒绝。王某在接到拒绝的第二天即跳槽到另一家家政公司，获得了比原来高的薪酬。

王某在跳槽前未向福利院提出解除劳动合同申请。王某这么做合法吗？

解析：

王某与福利院签订的劳动合同为有效合同。福利院没有出现违反劳动法的行为。劳动法中规定用人单位与劳动者协商一致，可以解除劳动合同；劳动者提前30日以书面形式通知用人单位，可以解除劳动合同。

王某在未与合同甲方协商一致、未提前30日书面通知甲方的情况下，单方终止劳动合同，属违法行为。王某应按照合同约定向甲方赔偿相应的损失。本案也表明，当用人单位与员工解除劳动合同时，员工一定要知道解除是否合法，不要让自己合法的权益受到侵害。

二 《中华人民共和国食品安全法》

随着年龄的增长，老年人的身体机能逐渐衰退，对食物的消化、吸收及代谢能力均有所下降。因此，确保老年人获得营养均衡、安全卫生的饮食，对于维护其身体健康、预防疾病具有重要意义。食品安全法作为规范食品生产经营活动、保障食品安全的基本法律，为老年人饮食安全提供了坚实的法律保障。

（一）食品安全法的基本概述

食品安全法是我国食品安全领域的基本法律，旨在保障公众食品安全，预防和控制食源性疾病的发生，保障人体健康和生命安全。食品安全法详细规定了食品生产、加工、流通、消费等各个环节的安全标准和要求。

（二）相关规定

1. 权益维护

消费者在遇到食品安全问题时，应积极采取措施维护自身的合法权益。

首先，消费者务必要保留有效的消费凭证，如购物小票、发票等。这些凭证是索赔的重要依据，能够证明购买行为的发生以及商品的来源。

其次，一旦发现问题，应尽可能保存食品现样。如果条件许可，应拍下照片并马上向商家反映，以确认变质事实。这样可以为后续的索赔提供直观的证据。

再次，如果双方在食品质量上存在分歧，应立即向卫生防疫中心、质监局等相关机构寻求专业的鉴定意见。这些专业机构能够对食品的质量进行科学检测和评估，为消费者提供权威的判断依据。

最后，若协商不成，应及时投诉。食品是比较特殊的商品，容易变质过期。消费者如果错过了最佳投诉时限，很容易使商家以“保存不当”等理由推卸责任。

2. 召回问题食品

食品安全法第六十三条规定，国家建立食品召回制度。食品生产者发现其生产的食品不符合食品安全标准或者有证据证明可能危害人体健康的，应当立即停止生产，召回已经上市销售的食品，通知相关生产经营者和消费者，并记录召回和通知情况。食品经营者发现其经营的食品有前款规定情形的，应当立即停止经营，通知相关生产经营者和消费者，并记录停止经营和通知情况。

3. 连带责任

食品安全法第一百四十条第三款规定：“社会团体或者其他组织、个人在虚假广告或者其他虚假宣传中向消费者推荐食品，使消费者的合法权益受到损害的，应当与食品生产经营者承担连带责任。”该条规弥补了当前法律在规制代言虚假广告方面的漏洞和不足，为消费者追究代言虚假广告的代言人的责任提供了法律依据，是对现有立法的重大突破。

（三）食品安全法在养老照护中的应用

1. 食品采购与验收

养老照护员在食品采购过程中，应严格遵守食品安全法的规定，确保采购的食品符合国家的食品安全标准。具体来说，要选择信誉良好的供应商，检查食品的生产日期、保质期、包装是否完好，并拒绝采购过期、变质或包装破损的食品。同时，建立食品验收记录制度，详细记录食品的名称、数量、生产日期、保质期等信息，以便追溯。

2. 食品储存

食品储存是保障食品安全的重要环节。养老照护员应了解并掌握食品储存的基本要求，如温度、湿度、通风等条件。食品应按照不同种类、不同储存条件进行分类存放，避免交叉污染。同时，应定期对储存场所进行清洁和消毒，确保储存环境符合食品安全标准。

3. 食品加工与烹饪

在食品加工和烹饪过程中，养老照护员应严格遵守食品安全操作规范，如生熟分开、工具专用、及时清洁等。烹饪时应确保食品达到安全的食用温度，避免食品未煮熟或烧焦。此外，加工过程中应注意个人卫生，如戴口罩、手套，避免手部直接接触食品。

4. 食品分发与留样

食品分发前，应对餐具进行消毒，确保分餐过程卫生。分发时应遵循按需分配的原则，避免食品浪费。同时，应建立食品留样制度，对每批次食品进行留样，并标注留样日期、食品种类等信息。留样食品应保存在符合要求的条件下，以便在出现食品安全问题时进行追溯。

5. 食品安全事故应急处理

养老照护人员应了解食品安全事故应急预案的内容，包括事故报告、处置、调查和改进等环节。在发生食品安全事故时，应迅速采取措施控制事态发展，及时报告相关部门，并配合调查工作。同时，应总结经验教训，完善食品安全管理制度，防止类似事故再次发生。

三 《中华人民共和国老年人权益保障法》

老年人权益保障法中与养老护理相关的内容广泛而深入，涵盖了从家庭赡养与扶养到社会保障、社会服务与社会优待等多个方面。养老照护人员在岗前培训中应认真学习并理解这些法律规定，将其内化于心、外化于行，确保在实际工作中能够充分尊重和保障老年人的合法权益，为老年人提供更加优质、贴心的服务。

（一）家庭赡养与扶养

老年人权益保障法详细规定了家庭成员对老年人的赡养与扶养义务，包括经济供养、生活照料、精神慰藉以及医疗护理等方面。养老照护员应充分认识到这些义务的重要性，并协助家庭成员履行好这些责任。例如，该法第十五条明确指出，赡养人应当使患病的老年人及时得到治疗和护理；对生活不能自理的老年人，赡养人应承担照料责任或按老年人意愿委托他人或养老机构等照料。这些规定为养老照护员提供了具体的操作指南。

根据法律规定，赡养人应当履行对长者经济上供养、生活上照料和精神上慰藉的义务，满足长者的特殊需求。老年人的婚姻自由受法律保护。子女或者其他亲属不得干涉老年人的离婚、再婚及婚后生活。赡养人的赡养义务不因老年人的婚姻关系变化而消除。

（二）社会保障

老年人权益保障法第三章明确规定了国家通过基本养老保险、基本医疗保险等制度保障老年人的基本生活和医疗需求。养老照护员应了解并熟悉这些制度，以便在老年人遇到相关问题时能够给予正确的指导和帮助。例如，该章规定，国家逐步开展长期护理保障工作，对生活长期不能自理、经济困难的老年人给予护理补贴。国家鼓励地方建立 80 周岁以上低收入老年人高龄津贴制度。这一规定直接关系到养老照护员的日常工作，要求他们关注老年人的护理需求，并积极协助老年人申请相关补贴。

1. 养老保障

国家通过基本养老保险制度为长者提供基本的生活保障，并且鼓励符合要求的用人单位为他们提供补充养老保险。

2. 医疗保障

国家通过基本医疗保险制度，保障老年人的基本医疗需要。随着时间的推移，政府正在努力推动长期照护保险制度的实施。为了帮助那些无法独立生活、处于贫穷状态的老年人，地方各级人民政府可以依据其失能水平等具体情况给予补贴。

3. 社会救助

国家对经济困难的老年人给予基本生活、医疗、居住或者其他救助。老年人无劳动能力、无生活来源和扶养人，或者其赡养人和扶养人确无赡养能力或者扶养能力的，由地方各级人民政府依照有关规定给予供养或者救助；对流浪乞讨、遭受遗弃等生活无着的长者，由地方各级人民政府依照有关规定给予救助。

（三）参与社会发展

老年人权益保障法第七章规定："国家和社会应当重视、珍惜老年人的知识、技能、经验和优良品德，发挥老年人的专长和作用，保障老年人参与经济、政治、文化和社会生活。""老年人可以通过老年人组织，开展有益身心健康的活动。""国家和社会采取措施，开展适合老年人的群众性文化、体育、娱乐活动，丰富老年人的精神文化生活。”

思考

养老照护人员如何提高自身的法律素养和服务水平？

结语

法律总是把全民的安全置于个人的安全之上。

——西塞罗

第二部分

基础照护

第三章　生命体征观测

第一节　生命体征观察

生命体征观察是健康评估的关键，在早期预警、疗效评估、临床决策、病情监测、患者安全、康复促进和护理质量提升等方面具有不可替代的作用，是医疗护理中不可或缺的环节。

一　生命体征观察方法

（一）交谈

与长者及其家属沟通，建立良好的信任关系，是进行观察的前提。

（二）观察

通过眼耳鼻喉等感官，观察长者的身体情况、精神状态、心理反应及所处的环境。

（三）检查

运用视觉、触觉、听觉等方法进行详细观察并检查。

（四）查阅

查阅养老照护记录单、病历、交班报告等客观资料，查阅的资料一定要权威有据。

（五）测试

应用统一的量表或问卷测试长者的身心状况。

二 生命体征观察注意事项

（一）适宜的环境

在观察时，首先应注意环境是否适宜，最好在比较安静的地方进行观察和交流，观察时可以适当与长者对视，但不要长时间直视长者，以免造成长者紧张。

（二）充裕的时间

观察的时候一定要留足充分的时间，以免时间仓促而错过一些重要的细节。

（三）妥当的方法

在对长者进行观察时务必选择合适的方法，注意维护长者的尊严并保护其隐私，不可以强行提问。

（四）应用沟通技巧

在与长者沟通时一定要注意说话的语气和态度，始终保持尊重长者的态度，这样才能有效获取所需的观察信息。

三 生命体征观察内容

长者生命体征观察内容一般包括步态、皮肤、头面部与颈部、意识状态及功能状态等。

（一）步态观察

（1）偏瘫步态。常见于侧身瘫痪的长者，走路时偏向一侧。
（2）蹒跚步态。常见于患有佝偻病的长者，走路时明显左右摇晃。
（3）醉酒步态。走路东倒西歪，仿佛喝醉酒一般。
（4）慌张步态。常见于患有帕金森病的长者。

（二）皮肤观察

通过对长者皮肤的观察，可全面评估其皮肤健康状况，及时发现异常情况。

（1）皮肤颜色。皮肤颜色是否均匀，注意有无苍白、发绀、潮红、黄染等异常表现。

（2）皮肤温度。通过触诊感知皮肤温度，注意局部或全身的温度变化，判断有无发热或发凉现象。

（3）皮肤湿度。观察皮肤表面湿润程度，注意有无异常干燥、多汗或油腻等情况。

（4）皮肤弹性。轻捏皮肤观察其回弹情况，评估皮肤弹性状况，注意有无松弛或紧绷现象。

（5）皮肤感觉。通过轻触、针刺等方法检查皮肤感觉功能，注意有无感觉过敏、减退或缺失情况。

（6）褥疮筛查。检查骨突部位，观察有无压红、破损、溃疡等褥疮表现，评估皮肤完整情况。

（三）头面部与颈部的观察

（1）眼睛。眼角皮肤松弛、老花眼、辨色能力减退、老年性青光眼等。

（2）耳。听觉减退，易出现老年性耳聋、耳鸣。

（3）鼻腔。嗅觉迟钝，易发生气体性中毒。

（4）口腔。味觉减弱，影响食欲；牙齿咀嚼能力下降，注意观察口中有无假牙。

（四）意识状态的观察

（1）意识模糊状态。较轻的意识障碍，表现为对自己及周围环境的漠不关心。

（2）嗜睡状态。是最轻的意识障碍，经常处于睡眠状态，轻微的刺激即可唤醒。

（3）昏睡状态。在面对较强刺激时会有反应，但回答往往答非所问，各种反射活动依然存在。

（4）昏迷状态。意识活动丧失，任何刺激均不能唤醒。

（五）功能状态的观察

（1）日常生活能力。指个体在日常生活中自我照顾的基本能力，主要体现在能否独立完成基础生活活动，如自主穿衣、进食、行走及个人卫生清洁等。

（2）功能性生活能力。主要评估个体在生活中独立处理复杂事务的能力，例如，能否自主完成家务、外出采购等需要较高认知与操作技能的活动。

（3）心理及认知能力的观察。观察长者的心理健康状况、认知能力，并了解长者在进入养老院之前的生活经历。

思考

对长者进行有效的观察应注意哪些方面？

结语

当我们变老时，我们同时变得更愚蠢和聪明。

——拉罗什富科

第二节　生命体征测量

生命体征测量一般包括体温、脉搏、呼吸、血压等基础体征测量。为长者测量生命体征不仅能使照护人员更好地提供相应的服务，也能及时发现长者的身体机能是否有异常，有助于医护人员诊疗，为提高长者生命质量保驾护航。因此生命体征的测量在照护服务中有着十分重要的意义。

一　体温测量

（一）体温正常值

（1）口腔测温：36.3～37.2℃。

（2）腋下测温：36～37℃。

（3）直肠测温：36.5～37.2℃。

（4）鼓膜测温（耳温枪）：35.8～37.7℃。

（5）颞动脉测温（额温枪）：35.8～37.5℃。

（二）体温异常表征

1. 发热

（1）发热是人体体温高于正常时的体温，是体温异常的一种表现。

（2）发热分为两种。一种是感染性发热，主要缘于病毒或细菌的侵袭；另一种是非感染性发热，是由其他因素引起的。

2. 体温过低

（1）体温过低是指体温低于正常时的体温，是体温异常的一种表现。

（2）造成体温过低的原因有很多，其中休克与严重营养不良是临床优先排查的危重因素。

（三）体温测量的方法

1. 腋下测温

（1）适用对象。适用于昏迷、无法配合，以及进行过口腔、鼻腔或肛门手术的患者。

（2）禁忌证。腋下出汗较多、身体消瘦、存在炎症、创伤，或处于腋部术后恢复期的患者。

2. 口腔测温

（1）适用对象。适用于意识清醒、能够配合操作，且无口腔疾病的患者。

（2）禁忌证。存在呼吸困难、精神异常、昏迷症状，进行过口腔、鼻腔手术，或测量时无法配合的患者。

3. 直肠测温

（1）适用对象。适用于昏迷或意识不清的患者。

（2）禁忌证。患有腹泻、心脏疾病，或进行过直肠、肛门手术的患者。

4. 鼓膜测温

（1）适用对象。适用于婴幼儿、儿童、术后患者及配合度较低者等人群。

（2）禁忌证。患有外耳道炎症、中耳炎等耳部感染性疾病以及外耳道有损伤、畸形或鼓膜穿孔者。

5. 颞动脉测温

（1）适用对象。主要适用于无法配合接触式测温者（如躁动患者、婴幼儿）。

（2）禁忌证。额头出汗、污垢、皮肤损伤以及患有颞动脉炎或其他局部血管异常疾病者。

（四）体温计的种类

（1）玻璃水银体温计。

（2）电子体温计。

（3）其他。红外线感应器、额温枪、耳温枪等。

（五）操作步骤

1. 准备工作

（1）工作人员准备。着装整洁，必要时佩戴口罩和一次性手套。

（2）物品准备。已消毒的体温计（水银体温计、电子体温计或红外测温仪）、消毒棉球、记录本、笔等必要物品。

（3）环境准备。选择安静、通风良好的环境，确保测量区域温度适宜（20～25℃），避免阳光直射或冷风直吹。

2. 体温测量

（1）根据使用的体温计类型，选择相应的测量部位（腋下、口腔、直肠、额头或耳道）。

（2）严格按照不同体温计的使用说明进行操作。

（3）测量过程中保持被测者处于安静状态，避免剧烈运动或进食后立即测量。

3. 测量结束

（1）整理并记录。准确读取测量结果，记录测量时间、部位和体温数值。

（2）将体温计进行消毒，消毒后妥善存放于清洁干燥处。

（六）注意事项

（1）测量时应遵循一人一用一消毒原则，避免交叉感染。

（2）如使用接触式体温计，须确保测量部位清洁干燥。

（3）如发现异常体温（低于 36℃或高于 37.5℃），建议 15～30 分钟后复测。

二 脉搏测量

（一）脉搏的定义

在每个心动周期中，随着心脏的节律性收缩和舒张，动脉内的压力和容积会发生周期性变化，导致动脉管壁产生有节律的搏动，被称为动脉脉搏，简称脉搏。

（二）脉搏正常值

婴幼儿时期脉搏次数较多，随着年龄的增长会逐步减慢，而长者则稍有加快。通常，成年人的正常脉搏数为每分钟 60～100 次，长者则为每分钟 70～100 次。

（三）脉搏异常值

（1）速脉。速脉是指在安静状态下脉搏数每分钟超过 100 次的现象，又称心动过速。常见于发热、甲状腺功能亢进、心力衰竭、大出血等患者。一般体温每升高 1℃，脉搏数每分钟约增加 10 次。

（2）缓脉。缓脉是指在安静状态下脉搏数每分钟少于 60 次的现象，又称心动过缓。常见于颅内压增高、房室传导阻滞、甲状腺功能减退患者，以及用地高辛等特定药物的情况。

（四）准备工作

（1）了解测量脉博的目的、注意事项及配合要点；测量前长者若有剧烈运动、情绪激动等情况，应休息 20 ~ 30 分钟后再测量。

（2）照护人员应着装整洁，修剪指甲，洗手，戴口罩。

（3）房间应安静整洁、光线充足、温度适宜。

（五）操作步骤

（1）备齐用物，携至床旁，核对长者的床号、姓名，解释操作目的及配合要点。

（2）长者取卧位或坐位，手腕伸展、放松，手掌向下。

（3）照护人员以食指、中指、无名指按压在桡动脉波动处，正常脉搏测量 30 秒，将所测数值乘以 2。

（4）将测量值记录在记录本上。

（5）整理床单位，协助长者取舒适体位。

（六）注意事项

（1）不可用拇指诊脉，因拇指小动脉搏动较强，容易与长者的脉搏混淆。

（2）为偏瘫或肢体有损伤的长者测量脉搏时，应选择健侧肢体，以免患侧肢体血液循环不良影响测量结果的准确性。

（3）测量脉搏时发现异常应及时报告医生并详细记录。

三 呼吸测量

（一）呼吸的定义

机体在新陈代谢过程中，需要不断从外界环境摄取氧气，并把自身产生的二氧化碳排出体外，这种机体与环境之间进行气体交换的过程被称为呼吸。照护人员准确测量呼吸有助于了解长者的呼吸系统功能状况。

（二）正常呼吸

正常人安静状态下呼吸频率每分钟 16～20 次，节律规则，呼吸运动均匀平稳，无声且不费力，呼吸与脉搏的比例为 1：4。

男性以腹式呼吸为主，女性以胸式呼吸为主。

（三）异常呼吸

1. 频率异常

（1）呼吸过速。长者在安静状态下呼吸频率每分钟超过 24 次，被称为呼吸过速或气促。

（2）呼吸过缓。长者在安静状态下呼吸频率每分钟低于 12 次，被称为呼吸过缓。

2. 深浅度异常

（1）深度呼吸。又称库斯莫呼吸，是一种深而规则的大呼吸。常见于糖尿病、尿毒症等疾病。

（2）浅快呼吸。是一种浅表而不规则的呼吸，有时呈叹息状。常见于呼吸肌麻痹、肺与胸膜疾病、肋骨骨折等情况。

（四）测量呼吸前的准备

（1）了解测量呼吸的目的、方法、注意事项及配合要点；长者体位舒适，情绪稳定，保持自然呼吸状态；测量前若有剧烈运动、情绪激动、哭闹等情况，应休息 20～30 分钟后再测量。

（2）照护人员衣着整洁，修剪指甲，洗手，戴口罩。

（3）房间保持安静整洁、光线充足。

（五）操作步骤

（1）备齐用物，携至床旁，核对长者床号、姓名。
（2）护士保持诊脉手势观察长者的胸部或腹部的起伏（一起一伏为1次呼吸）。
（3）一般情况测量30秒钟，将所测数值乘以2；如若呼吸不规则应测1分钟。
（4）将呼吸数值记录在记录本上。
（5）整理床单位，协助长者取舒适体位。

（六）注意事项

（1）呼吸测量时应转移长者的注意力，使其处于自然呼吸状态，以保持测量的准确性。

（2）危重患病长者呼吸微弱不易观察时，可用少许棉花置于长者鼻孔前，观察棉花纤维被吹动的情况，计数1分钟。

四 血压测量

（一）血压的概念

血压是指血液在血管内流动时对血管壁的侧压力。血压分为收缩压和舒张压，心脏收缩时，动脉血压所达到的最高值为收缩压；心脏舒张时，动脉血压下降到的最低值为舒张压。

（二）血压计的种类

（1）水银血压计。
（2）电子血压计。
（3）弹簧血压计。

（三）测量血压前的准备

1. 用具准备
（1）血压计、听诊器、记录本、笔。
（2）检查玻璃管有无破损。
（3）检查水银有无漏出。
（4）检查气球、橡胶管有无老化、漏气。

（5）检查听诊器是否完好。

2. 长者准备

（1）在进行血压测量前，长者应避免饮用浓茶、咖啡等饮品，不进行剧烈运动。

（2）遵循医嘱，定期服用降压药物，避免吸烟、锻炼、情绪波动等不良因素，并在测量前休息 15～30 分钟。

（3）保持舒适的姿势，并且放松身心，休息 5 分钟后再测量。

（4）手臂位置（肱动脉）与心脏同一水平。

（5）袖口挽起、双臂伸展、手掌朝上、肘部挺直。

（四）测量血压的方法

（1）打开血压计，垂直放妥，开启水银槽开关。

（2）驱尽袖带内的空气，平整地置于上臂中部，下缘距肘窝 2～3 厘米，松紧以能插入一指为宜。

（3）听诊器置于肱动脉搏动最明显处，一只手固定，另一只手握加压球，关气门、注气至肱动脉搏动消失再升高 20～30 毫米汞柱。

（4）缓慢放气，速度以水银柱每秒下降 4 毫米汞柱为宜。

（5）当听诊器中出现第一声搏动声，此时水银柱所指的刻度，即为收缩压；当搏动声变弱或消失时，此时水银柱所指刻度为舒张压。一般测量 2 次，取平均值，必要时测量双侧上肢血压对照，右侧较左侧高 5～10 毫米汞柱。

（6）测量结束后，排尽袖带内余气，扣紧压力活门，整理后放入盒内；血压计盒盖右倾 45°，使水银全部流回槽内，关闭水银槽开关，盖上盒盖，平稳放置。

（7）记录。

① 分数式表示。收缩压 / 舒张压毫米汞柱，例如，110/70 毫米汞柱。

② 当变音与消失音有差异时，两次读数都应记录收缩压 / 变音 / 消失音毫米汞柱，例如，120/80/60 毫米汞柱。

思考

张奶奶 58 岁，患高血压 10 多年，最近向照护人员主诉头晕、头痛。根据医嘱，照护人员为张奶奶测血压，每日 3 次。

请根据医嘱为张奶奶测血压。

结语

提琴虽老，仍可奏出好曲子。

——佚名

第四章　照护协助

第一节　冷疗的应用

一　冷疗的定义

冷疗是使用低于体温的介质接触人体，使之降温以治疗疾病的方法。适用于肩、肘、腕、腰背、大腿、膝、小腿、踝、脚等部位。

二　冷疗与冷冻治疗的区别

冷疗法和冷冻治疗有着本质的区别，它们所使用的温度、目的以及适用范围有所差异。冷疗是通过特定的冷却剂，暂时降低人体局部或整体温度，以此预防疾病并增强身体素质。冷疗法所用的温度一般高于0℃，降温缓慢，不会引起局部组织损伤，而冷冻治疗所用的温度低于0℃，降温快速，容易使组织细胞损伤。

三　冷疗的临床应用及禁忌

（一）冷疗的临床应用

（1）镇痛。可有效缓解疼痛。

（2）消炎。具有一定的消炎作用。

（3）解除痉挛。能够缓解肌肉痉挛症状。

（4）降低体温。可使体温下降。

（二）冷疗禁忌

冷疗的禁忌部位包括枕后、耳郭、阴囊处、心前区、腹部、足底等。

（1）有血液循环障碍者禁用。

（2）慢性炎症或深部化脓病灶处不宜使用。

（3）在组织损伤、破裂部位不能使用冷疗。

（4）对冷过敏者禁止使用。

（5）昏迷、感觉异常者及年老体弱者应慎用冷疗。

四 冷疗的种类

（一）冰袋

1. 冰袋的作用

冰袋具有降低体温、局部消肿、止血、阻止发炎或化脓、减轻疼痛的作用。

2. 准备工作

（1）砸碎冰块。将大块的冰块砸成小块，以便更好地装入冰袋。

（2）冲去棱角。冲洗掉冰块的棱角，避免在使用过程中划伤皮肤。

（3）装袋。将处理好的冰块装入冰袋，不要装得太满（1/2～2/3），以免冰袋胀破。

（4）排气。排出冰袋中的空气，使冰袋更加贴合冷敷部位。

（5）擦水。擦干冰袋表面的水分，防止弄湿冷敷部位。

（6）套布套。给冰袋套上布套，既能起到保温作用，又能避免冰袋直接接触皮肤引起不适。

3. 操作步骤

（1）砸冰装袋。准备好冰块并装入冰袋。

（2）核对解释。携带冰袋至长者床旁，再次确认长者身份，向长者和家属详细解释冷疗的目的和方法，确保他们理解并配合。

（3）放置冰袋。

① 对于高烧长者，可将冰袋放置在其颈部、腋下、腹股沟等重要血管区域进行冷敷，以帮助其降低体温。

② 长者扁桃体摘除手术后，应将冰袋放在颈部和下巴之间，缓解术后不适。

（4）观察记录。密切观察长者在冷敷过程中的反应和变化，并做好记录。

（5）撤除冰袋。冷敷 30 分钟后，测量体温，然后撤除冰袋。

（6）整理记录。对整个冷敷过程进行整理记录，为后续治疗提供参考。

4. 注意事项

（1）冷敷的时间不得超过 30 分钟，休息 60 分钟后再使用，给予局部组织复原时间。

（2）应密切观察局部皮肤的变化，以确保长者的皮肤不会出现发绀、麻痹或冻伤的情况。

（3）在冷敷过程中，应定期观察冰块的溶解状态，以尽快进行替代和补充。

（4）在物理降温后，应等待 30 分钟再测量体温并记录下来。

（二）冰帽

1. 冰帽的作用

冰帽具有降低头部温度、防止脑水肿、减缓脑细胞代谢、减小脑细胞的需氧量、提高脑细胞对缺氧的耐受性等作用。

2. 准备工作

（1）砸碎冰块。将大块的冰块砸成小块，以方便装入冰帽。

（2）冲去棱角。冲洗掉冰块的棱角，避免在使用过程中划伤皮肤。

（3）装帽。将处理好的冰块装入冰帽，不要装得太满，以免冰帽胀破。

3. 操作步骤

（1）备冰装帽。准备好冰块并装入冰帽中。

（2）核对解释。携带冰帽至长者床旁，再次确认长者身份，向长者和家属详细解释冷疗的目的和方法，确保他们理解并配合。

（3）放置冰帽。将海绵垫垫于长者耳郭及枕侧颈部。

（4）观察记录。密切观察长者在冷敷过程中的反应和变化，并做好记录。

（5）撤除冰帽。冷敷 30 分钟后，测量体温，然后撤除冰帽。

（6）整理记录。对整个冷敷过程进行整理记录，为后续治疗提供参考。

4. 注意事项

（1）冷敷的时间不得超过 30 分钟，休息 60 分钟后再使用，给予局部组织复原时间。

（2）每 30 分钟测量生命体征一次，肛温维持在 33℃左右，不低于 30℃。

（3）观察头部皮肤变化，注意长者耳郭部位有无发紫、麻木及冻伤情况发生。

（4）注意观察长者的心率变化，有无心房纤颤、心室纤颤与房室传导阻滞的发生。

（三）冷湿敷

1. 冷湿敷的作用

冷湿敷主要用于降温以及早期扭伤、挫伤的消肿和止痛。

2. 操作要点

（1）将敷布在冰水中浸湿，然后拧至不滴水，敷于长者患处。

（2）每 3 ~ 5 分钟更换一次敷布，持续 15 ~ 20 分钟。注意防止出现继发效应。

（3）如果用于高热降温，在冷湿敷 30 分钟后测体温，如果体温降至 39℃则停用冷湿敷。

3. 注意事项

（1）注意观察局部皮肤变化，若为高热长者降温，应在 30 分钟后测体温并记录在体温单上。

（2）在使用过程中，应定期检查湿敷状态，并及时更换敷料。如果冷敷部位有伤口，应按照无菌技术进行处理。

思考

1. 冷疗的禁忌部位有哪些？

2. 使用冰袋有哪些注意事项？

结语

冷疗法是控制炎症扩散，减轻局部充血，缓解疼痛的有效方法。

——佚名

第二节 热疗的应用

一 热疗的作用

热疗具有促进炎症消散、缓解疼痛、减轻肌肉紧张和僵硬、促进血液循环，同时兼具保暖与舒适的作用。

二 热疗的禁忌

热疗的禁忌证主要包括：未明确诊断的急性腹痛，面部危险三角区域的感染（可能引发颅内感染或败血症），各种脏器出血，软组织损伤或扭伤的初期（48 小时内）。需特别注意的是，在前述情况下如果进行热疗可能会加重病情或引发严重后果。

三 热疗的种类

（一）干热法

干热法温度一般保持在 60 ~ 70℃。常用的有热水袋、电烤灯等。

1. 热水袋

（1）热水袋的应用。

① 用于保暖、舒适、缓解痉挛、镇痛。

② 一般长者使用温度为 60 ~ 70℃，用热时间为 30 分钟。

③ 对年老体弱、昏迷、末梢循环障碍以及未清醒的长者，建议将温度低于 50℃的热水袋放置在需要的部位。

（2）使用热水袋的注意事项。

① 重点关注巡查工作，并严格执行交接班制度。

② 如果是炎症区域，水装满 1/3 即可。

③ 如果长者的皮肤出现了潮红、疼痛等症状，应立刻停止热水袋的使用，并在患处涂抹凡士林，以防烫伤。

2. 电烤灯

（1）电烤灯的作用。

电烤灯具有消炎、解痉、镇痛、促进创面愈合、保护肉芽组织生长的作用。

（2）电烤灯使用方法。

① 选灯。对于大面积的治疗，选择功率为 500 ~ 1000 瓦的电烤灯，以确保有足够的热量覆盖较大面积。若对四肢部位进行治疗，则选用 250 瓦的电烤灯，避免功率过大对较小部位造成过度热刺激。

② 确定灯距。电烤灯与治疗部位应保持 30 ~ 50 厘米的距离。距离过近容易导致皮肤烫伤，距离过远则热疗效果不佳。

③ 设定时间。电烤灯每次治疗时间为 20 ~ 30 分钟。合理的治疗时间既能保证

热疗效果，又能防止长时间热刺激对皮肤等组织造成不良影响。

④ 注意事项。防烫伤，防感冒；保护眼睛；保持舒适。

（二）湿热法

湿热法的温度一般为 50℃左右。常用的有湿热敷、热浸泡、热坐浴等方式。

1. 湿热敷

（1）湿热敷的应用。

①消炎、消肿、解除痉挛和镇痛。

② 湿热敷水温控制在 50～60℃，敷布拧至不滴水为宜，在手腕测试水温，3～5 分钟更换一次，湿热敷 4～5 次。

（2）湿热敷的注意事项。

① 随时观察局部皮肤颜色，及时更换敷布，每 3～5 分钟更换一次。

② 有伤口、创面或结痂，按无菌技术操作。

③ 注意保暖，敷后 15 分钟方能外出，防止受凉。

2. 热浸泡

（1）热浸泡的应用。

① 热浸泡可以用来治疗炎症、缓解疼痛、清洁皮肤和消毒伤口。

② 将溶剂倒入容器至 1/2 处，并将水温控制在 40～45℃，时间应根据具体情况和个人感受来调整，通常建议为 10～20 分钟。

（2）热浸泡的注意事项。

① 在浸泡过程中，每 5～10 分钟检查一次水温，根据需要添加热水，以保持最佳的温度。

② 添加热水时，将长者的肢体移出盆外，以防烫伤。

③ 注意观察长者局部皮肤情况。

3. 热坐浴

（1）热坐浴的应用。

① 热坐浴适用于需要进行直肠或骨盆手术、患有痔疮的长者。

② 热坐浴能够有效缓解并改善皮肤发红、发热以及疼痛感。

③ 将水温调节到 40～45℃，每次坐浴时间为 15～20 分钟。

（2）热坐浴的注意事项。

① 若有伤口，应准备无菌坐浴盆与药液。

② 坐浴前应先排尿、排便。

③ 女性长者患有盆腔器官急性炎症时不宜坐浴。

思考

1. 热疗的禁忌证有哪些？

2. 简述热水袋应用的意义、用热时间、温度及注意事项。

结语

热疗属于物理治疗手段，就是利用各种热流仪器，通过促进人体产热，达到治疗疾病的目的。

——佚名

第三节 叩背排痰

一 叩背排痰前的沟通

叩背是一种有效的治疗手段，通过重力和机械力量，可以帮助长者将黏附在气管壁上的痰液排出体外。在进行叩背排痰操作之前，应与长者沟通，向其解释治疗的目的和意义，以获得他们的理解和配合。

二 叩背排痰前的准备

（1）环境准备。房间干净整洁，温湿度适宜，无对流风，冬季应关闭门窗，避免长者受凉。

（2）物品准备。准备软枕 3 个和适当纸巾，且保证所需物品完好。

（3）照护人员准备。着装整洁，洗净并温暖双手，不留长指甲，不佩戴饰物。

三 叩背排痰的操作规范

（1）体位选择。优先选择坐姿为长者叩背，以利于痰液的排出，若长者体力不支可调整为侧卧位。需注意保持脊柱自然伸展，避免过度前倾或后仰。

（2）时间选择。建议在餐前 30 分钟或餐后 2 小时进行，若刚饮水需间隔 30 分钟以上，防止叩击时引发呕吐。

（3）操作方法。照护人员五指并拢屈曲呈杯状（空心掌），根据长者的体位，站在右侧时使用左手，站在左侧时使用右手。以每分钟 40～50 次的频率，利用腕部力量，力度以长者能承受为宜，沿背部从下往上、由外向内进行叩击。每次操作时间控制在 10～15 分钟。操作过程中指导长者先深吸气，随后身体稍向前倾并收缩腹部肌肉，屏气 2～3 秒后咳嗽，重复数次以提高排痰效果。

四 叩背排痰的注意事项

（1）叩击时注意避开腰部肾区、脊椎及骨突部位。

（2）叩击力度应适中，使长者感到舒适。

（3）操作期间须密切监测生命体征，重点观察心率及血氧饱和度的变化。如果发现长者心率每分钟上升 20 次，或出现喘息、口唇发绀等缺氧症状，应立即暂停操作并给予吸氧支持。

（4）操作时须留意长者的反应，并观察其痰液状态。如果条件允许，可使用听诊器检测长者肺部的呼吸声和干湿啰音，从而准确定位病变部位，并采取有针对性的胸部叩击治疗。

（5）叩背排痰后应帮助长者休息并漱口，以清除口腔中的异物。

思考

叩背排痰的操作程序有哪些？

结语

我们体贴老人，要像对待孩子一样。

——歌德

第四节　卧床长者的褥疮预防

一　褥疮的定义

褥疮，又称压力性溃疡、压疮，是由压力、剪切力或摩擦力作用于皮肤及皮下组织导致的局限性损伤，常发生于身体骨性突起部位。目前，多种因素与褥疮的发生有关，但各因素的具体作用机制及影响程度仍需深入研究。

二　引起褥疮的主要原因

（一）外源性因素

1. 压力

褥疮的发生与压力的大小及持续时间密切相关。为预防褥疮，建议翻身间隔时间不超过 2 小时。

人体不同组织对压力的耐受性存在差异，一般而言，皮肤对压力的耐受性优于肌肉组织。压力造成的损害通常由深层向浅层发展。长时间受压可能会导致深部肌肉在 2 天内受损，而皮肤损伤则在 1 周后才可能显现。局部压红或浅表破溃若处理不当，可能会发展为更大、更深的创面。

2. 剪切力

剪切力是指作用于相邻物体表面，导致相反方向平行滑动的力量。该力主要影响深层组织，引起组织相对位移，可能阻断较大区域的小血管供血，导致组织缺氧。因此，剪切力比垂直压力更具破坏性。

3. 摩擦力

当一物体在另一物体表面移动或有移动趋势时，接触面间会产生阻碍运动的力，即摩擦力。

4. 潮湿

皮肤易受潮湿、摩擦和排泄物等理化因素的影响，这些因素可能会增加发生褥疮的风险。

（二）内源性因素

如果人体处于营养不良状态，褥疮的发生率会明显提高。长者通常在长期发烧、身体衰弱、出现水肿、卧床不起、陷入昏迷以及患有恶性疾病等情况下，容易出现营养不良，进而增加褥疮发生的风险。

三　褥疮易发部位

褥疮通常发生在骨骼突出且受到持续压迫或剪切力的部位。褥疮的发病率在不同部位有所差异，其中坐骨（24%）、骶尾骨（23%）、足跟部（11%）、外踝（7%）和髂前上棘（4%）是最常见的发病部位。在护理时，仰卧位应重点关注骶尾骨，而坐位时则需特别注意坐骨。

四　褥疮的分级

根据皮肤受损的深度和严重程度，褥疮可分为以下四期。

Ⅰ期褥疮：皮肤完整无破损，骨突部位出现局限性红斑，按压后颜色不变淡，与周围正常组织形成明显对比。

Ⅱ期褥疮：表皮部分缺失，呈现粉红色创面或完整/破裂的浆液性水疱，可伴有浅表溃疡或出血点，真皮层部分受损。

Ⅲ期褥疮：全层皮肤缺损，皮下脂肪组织显露但未累及骨骼、肌腱及肌肉，创面可存在腐肉但未掩盖组织损伤深度。

Ⅳ期褥疮：全层组织缺失伴骨骼、肌腱或肌肉等深层结构暴露，创面基底存在坏死组织（黄色腐肉或黑色焦痂），常伴有潜行腔隙、窦道及感染征象。

五　褥疮的评估、预防及照护

（一）易患褥疮的人群

（1）神经系统疾病患者。因自主活动能力受限、长期卧床，导致局部组织持续受压。

（2）70岁以上的老年人。生理机能衰退导致皮肤抵抗力及活动能力下降。

（3）肥胖者。体重过大会导致局部组织承受的压力显著增加。

（4）消瘦者：皮下脂肪层薄弱，受压部位缺乏足够的软组织保护。

（5）身体衰弱或营养不良者。因营养摄入不足导致组织修复及再生能力降低。

（6）水肿患者。皮肤弹性减弱且抵抗力下降，易受压力损伤。

（7）瘫痪或存在疼痛症状者。因活动能力受限而长期保持被动体位。

（8）大小便失禁患者。皮肤长期受排泄物刺激并处于潮湿环境。

（9）发热患者。体温升高导致汗液分泌增多，皮肤长期处于湿润状态。

（10）服用镇静剂的患者。药物作用导致自主活动能力下降，难以自主变换体位。

（二）褥疮的预防及照护

1. 预防措施

（1）定期减压性翻身是预防褥疮的主要措施。

① 实施翻身时动作应轻柔，避免拖、拉、扯、拽等粗暴操作。

② 常规翻身建议每 2 小时 1 次，最长不超过 4 小时；对褥疮高危人群需缩短至每小时一次。

③ 注意保持合理体位，避免身体局部过度下沉受压。

（2）皮肤与接触面的管理。

① 每日清洁皮肤并保持干燥，特别关注骨突部位。

② 及时更换污染的被服衣物，维持床铺平整、干燥、无杂物。

③ 选择完好无损的便器，使用时应注意保护皮肤避免擦伤。

（3）促进局部血液循环。

① 实施全背按摩（已形成褥疮的部位禁止按摩）。

② 进行适度的关节被动运动。

（4）营养支持方案。

① 制订高蛋白、高热量的膳食计划，同时补充足量的维生素及矿物质。

② 针对进食困难者可考虑服用营养补充剂。

（5）辅助器具的应用。

① 配置专业减压设备，包括气垫床、动态减压系统、体位支撑垫等。

② 骨突部位使用硅胶防护垫等保护装置。

2. 褥疮的分期及照护

（1）瘀血红润期。此阶段需避免局部持续受压，可通过提高翻身频率缓解压力。建议使用透明贴或减压贴对受损皮肤进行保护，同时保持创面的清洁干燥。

（2）炎症浸润期。宜采用水胶体敷料（如透明贴、溃疡贴）覆盖创面。若出现水疱，应首先覆盖透明贴形成保护层，随后在无菌操作下用注射器抽吸水疱内液体。持续进行体位管理避免创面受压，同时应用促进上皮修复的药物治疗。

（3）溃疡期。根据创面特点制订个体化治疗方案，严格执行定时换药流程，彻底清除坏死组织，加强营养治疗。通过多维干预措施促进组织再生，包括控制感染、维持创面湿性环境、补充蛋白质及维生素等，以加速创面的愈合进程。

3. 预防褥疮的步骤及方法

（1）准备物品。床刷及布套、水盆、毛巾、浴巾、治疗碗、乳液、软枕及不同形状的减压垫。

（2）操作规范。

① 照护员着装整洁，清洁并暖和双手。

② 协助长者取侧卧位，使其背部朝向照护员。

③ 翻身侧卧后，根据长者身体情况，于胸腹前及膝部下方垫放软枕以保持体位稳定。

（3）皮肤护理。

① 充分暴露长者背部及骶尾部，观察并评估受压部位的皮肤状态。

② 将浴巾平铺于背臀下方。

③ 用温热毛巾轻柔擦拭全背及骶尾部皮肤。

（4）按摩护理。

① 取适量乳液于掌心，均匀涂抹后为长者进行全背按摩（3～5分钟），或使用30%～50%酒精替代乳液进行按摩。

② 若受压部位皮肤完整无损伤，可增加局部重点按摩。

（5）整理步骤。

① 用浴巾拭净背部残留液体。

② 协助长者整理衣物并恢复舒适体位。

③ 重新整理床单位，确保平整无皱褶。

④ 操作结束后洗手，详细记录翻身时间及皮肤受压情况。

六 预防褥疮的注意事项

（一）预防压力的注意事项

对于水肿和肥胖者，使用气垫圈可能会阻碍局部血液循环，导致静脉充血和水肿，同时会妨碍汗液蒸发，刺激皮肤，因此不宜使用。

（二）预防剪切力的注意事项

应尽量减小床头抬高的角度（小于30°），并缩短床头抬高的时间。

（三）预防摩擦力的注意事项

避免频繁、过度清洁皮肤；避免使用酒精等消毒剂擦拭皮肤；避免独自搬移危重长者。

（四）预防潮湿的注意事项

避免使用烤灯等使皮肤干燥的器械，以免加快组织细胞代谢及增加需氧量，导致细胞缺血甚至坏死；避免将粉剂（如滑石粉）拍在皮肤褶皱处。

思考

1. 褥疮形成的主要原因有（　　）。

A. 营养不良　　B. 年老体弱

C. 物理化因素刺激　　D. 局部长期受压

2. 仰卧位最易发生褥疮的部位是（　　）。

A. 骶尾部　　B. 肩胛部

C. 肘部　　D. 足跟部

3. 关于预防褥疮，不正确的是（　　）。

A. 长者不能直接卧于橡胶单上　　B. 翻身时间不超过 2 小时

C. 骨隆突处用棉圈，免去翻身　　D. 温水擦背

结语

老来受尊敬，是人类精神最美好的一种特权。

——司汤达

第五节　急救照护

一　出血的急救

（一）出血分类

（1）按出血部位分类，可分为皮下出血、内出血、外出血。

（2）按受损的血管分类，可分为动脉出血（血色鲜红，喷射）、静脉出血（血色暗红，涌出）、毛细血管出血（血色鲜红，渗出）。其中最危险的是动脉出血。

（二）出血表现

1. 局部表现

（1）有伤口。

（2）皮肤出现肿胀及瘀斑。

（3）相应部位感到疼痛，且可能伴有头痛、恶心、呕吐等症状。

2. 全身表现

（1）成人血液约占体重的8%，当出血量占血液总量的5%（200～400毫升）时，通常无明显症状。

（2）当突发性出血量达到20%（约800毫升）时，可能会导致轻度休克；而出血量达800～1600毫升时，可能会导致中度休克；如果出血量超过40%则可能导致重度休克，严重时会危及生命。

（三）止血方法

1. 直接压迫止血法

直接压迫止血的原理是通过手指、手掌或借助纱布等物品，直接对出血部位施加压力，使血管破口缩小或闭合，血流减慢，同时促进血小板、纤维蛋白等物质在伤口处迅速形成血栓，从而达到止血的目的。适用于小动脉、静脉、毛细血管尤其是皮肤表面或浅层的出血。当出血部位较小，且易于直接压迫时，常采用此方法。

2. 根据不同情况采用不同的止血方法

（1）加压包扎止血法。

加压包扎止血法是一种特殊的止血方法，主要适用于体表及四肢伤口的出血情况。该方法是通过在伤口处施加压力，压迫出血的血管，从而达到暂时止血的目的。

① 适用范围。头部、四肢等小动脉、小静脉、大面积毛细血管的渗血。

② 准备工作。可用纱布或其他物品（毛巾、手帕、清洁的衣物等）代替绷带进行包扎。

③ 止血方法。发现出血，立即用纱布等物品覆盖伤口，手指或手掌用力压迫局部，加压包扎。

④ 注意事项。

◇ 发现出血时要迅速压迫。

◇ 用于包裹伤口的棉布应该具有足够的厚度和足够的面积。

◇ 在压迫伤口时，应确保不会流出血液。

◇ 在进行加压包扎时，应避免过度拉伸，以免组织缺血而导致坏死。

（2）指压止血法。

指压止血法是指较大的动脉出血后，用拇指压住出血的血管上方（近心端），使血管被压闭住，中断血液。当小伤口少量出血时，可在伤口处垫上消毒纱布，用手指或手掌压迫出血点上部的血管，即可止血。

操作要点：

◇ 准确掌握动脉压迫点。

◇ 使用力量恰到好处，直至伤口不再流血为止。

◇ 压迫 10 ~ 15 分钟。

◇ 保持伤处肢体抬高。

① 头前部出血。

◇ 止血动脉：颞浅动脉。

◇ 止血点：耳前方颧弓根部。

◇ 止血方法：大拇指从出血一侧颞浅动脉压向骨面。

② 鼻出血。

◇ 方法：让长者安静坐下，将头部稍微往前倾；将纸巾卷起塞入鼻孔，以手指压住鼻翼，并冷敷长者之鼻部，约 10 分钟后放开。

◇ 注意事项：流鼻血后，头不要后仰，不要平躺；如不能止血或由鼻骨骨折引起的出血，要及时送医治疗。

③ 前臂出血。

◇ 止血动脉：肱动脉。

◇ 止血点：出血一侧上臂中上 1/3 处肱动脉搏动点。

◇ 止血方法：用大拇指或其他四指同时压住肱动脉至肱骨，并将前臂抬高。

④ 手掌出血。

◇ 止血动脉：桡动脉、尺动脉。

◇ 止血点：出血一侧手腕部。

◇ 止血方法：手指压迫。

⑤ 手指出血。

◇ 止血动脉：指动脉。

◇ 止血点：出血手指的两侧根部。

◇ 止血方法：拇指与食指按压。

⑥ 下肢出血。

◇ 止血动脉：股动脉、腘动脉。

◇ 止血点：出血一侧大腿上 1/3 内侧处。

◇ 止血方法：手掌根部或双手大拇指按压，同时将下肢抬高。

◇ 注意事项：熟练、准确掌握压迫点，压迫力度要适中，压迫时间一般在 10 ~ 15 分钟；在紧急情况下需要采取直接压迫止血法，同时与其他人员配合采用指压止血法。

3. 止血带止血法

（1）在扎止血带之前，应先将受伤部位抬高，以促进静脉血液的回流，从而有效减少血液流失。

（2）选择合适的止血带时，应确保其与受伤部位紧密贴合，避免在手肘中间部位使用止血带，以免损伤桡神经，影响手肘后侧的功能。

（3）止血带不应直接扎在肢体上，扎止血带的部位应先垫一层敷料、毛巾等柔软的布垫，以保护皮肤。

（4）使用毛巾、大手帕等现场制作止血带时，应先将其叠成长条状，宽约 5 厘米，以确保受力均匀。严禁使用电线、铁丝、细绳等过细且无弹性的物品作为止血带，这些物品不仅止血效果差，还可能损伤皮肤，给后续治疗和康复带来影响。

（5）使用止血带时，应注意松紧适度。过紧可能导致止血带周围的皮肤、神经、血管或肌肉受损，甚至引发肢体末梢坏死，影响康复；过松则会导致止血效果不佳。使用止血带止血成功的标准是远端动脉性出血停止、动脉搏动消失、肢端变白。

（6）使用止血带的长者应有明显标识，并在止血带附近或皮肤上明确标注扎止血带的时间。为防止伤肢缺血坏死，每隔 40 ~ 60 分钟应放松止血带 1 ~ 2 分钟，松带时动作要缓慢，同时需要指压伤口以减少出血。如果长者健康状况较差，伤口较大，出血量较多，可适当延长放松止血带的时间间隔。止血带使用的总时间不得超过 3 小时，否则远端肢体难以存活。

二　烧伤及烫伤的急救

（一）烧伤及烫伤的概念

烧伤一般是指由热力（包括热液蒸汽、高温气体、火焰灼热等）引起的组织损害。主要是皮肤和（或）黏膜的损害，严重者也可伤及皮下组织。

烫伤是由热液、蒸汽导致的组织损害。

（二）烧伤及烫伤的表现

烧伤及烫伤的严重程度取决于受伤组织的范围和深度，受伤深度可分为Ⅰ度、Ⅱ度和Ⅲ度。

（1）Ⅰ度损伤最轻。皮肤发红、疼痛、有明显触痛，伴有渗出或水肿。轻压受伤部位时局部变白，但没有水疱（血管麻痹而充血）。

（2）Ⅱ度损伤较深。皮肤出现水疱，水疱底部呈红色或白色，充满了清澈、黏稠的液体。触痛敏感，压迫时变白。

（3）Ⅲ度损伤最深。烧伤表面发白、变软或者呈黑色、炭化皮革状。

（三）烧伤及烫伤的处理原则

1. 迅速脱离热源

（1）立即脱离险境（不能带火奔跑）。

（2）迅速卧倒，就地打滚灭火。

（3）烧伤烫伤时，应立即使用大量的水，将化学物质特别是酸、碱和有机化合物彻底冲洗掉。

（4）创面用清水冲洗；热液浸渍的衣裤，以冷水冲淋后剪开取下。

（5）应该尽快将轻度烧伤烫伤的患处浸入冷水中，以保护创口的完整性。

2. 保护创面

不要在创面上涂抹任何药物和其他物品，可覆盖干净敷料，降低污染机会。

3. 预防休克

为了保证安全，须立即补充水分，饮用含盐水。如果情况严重，应进行紧急治疗。

4. 保持呼吸道通畅

观察呼吸情况。

5. 转送

伤重者应立即送往医院接受治疗，并在途中进行静脉输液，确保呼吸道畅通。

三 噎食的急救

（一）噎食的概念

进食时食物卡在咽喉部或食管内造成气管的压迫被称为“噎食”，是长者猝死的常见原因之一。

（二）噎食的常见原因

（1）口腔及咽喉机能退化。长者因年龄增长出现了咀嚼与吞咽功能的减退，尤其是有中风、帕金森病、阿尔茨海默病、吸入性肺炎等老年常见疾病时，吞咽功能障碍会进一步加剧。

（2）食用大块或硬质食物。长者在进食体积较大或质地坚硬的食品时，发生噎食的风险会显著提高。

（3）用餐时情绪波动。长者在进餐过程中若情绪激动或受到外界干扰（如突发声响、意外插话等），易导致正常吞咽节奏紊乱而引发噎食。

（4）进食过量或过速。一次性摄入过多食物易造成口腔内食物滞留；若进食速度过快则可能因温度刺激（过热或过冷）影响吞咽协调性。

（三）噎食的表现

（1）进食时突然不能说话，且表情痛苦。

（2）出现剧烈咳嗽，咳嗽间歇有痰鸣音。

（3）气道出现部分或完全阻塞，引发呼吸急促或困难。

（4）往往下意识用手抓喉咙，示意窒息。

（5）由于缺氧，长者面部、嘴唇或指甲可能会变青紫。

（四）噎食的自救方法

1. 咳嗽法

如果发生轻度噎食，应立即用力咳嗽，通过咳嗽时产生的气流将堵塞物排出。

2. 自我冲击法

迅速寻找稳固的台面物体（如椅背、桌沿等），稍向前弯腰，将上腹部抵住物体边缘。快速、有力地向内、向上冲击，重复多次，利用腹部压力将堵塞物排出。每次冲击后应保持姿势复位，可重复操作直至气道畅通。

（五）噎食的急救方法

海姆立克急救法（Heimlich Maneuver）又称腹部冲击法，是抢救因异物（如食物）阻塞呼吸道导致窒息的有效急救方法，主要适用于异物卡喉的紧急情况。

1. 立位腹部冲击法（意识清醒者）

（1）施救者应站立于长者身后，双臂环抱长者腰部。

（2）使长者身体略向前倾，头部稍低并保持口部张开。

（3）施救者一手握拳，拇指关节顶住长者腹部正中线（脐上两横指处），用另一手掌包覆拳头，快速、冲击性地向内上方推压腹部。

（4）反复实施有节奏的冲击，直至异物排出。

每次冲击应为单独且有力的动作，须精准控制施力角度，以避免造成胸部和腹腔脏器的损伤。

2. 卧位腹部冲击法（意识模糊者、施救者身材不足以环抱患者腰部时）

（1）使长者保持仰卧位，头部后仰确保气道开放。

（2）施救者跨跪于患者大腿两侧。

（3）一手掌根置于其腹部正中线、肚脐稍上方位置（注意避开剑突）；另一手叠放其上，十指交叉紧扣。

（4）快速实施向上、向内的连续冲击动作。

（5）每次冲击后检查口腔，发现可见异物应立即取出。

如果长者因窒息导致心跳呼吸骤停，在异物排出后须立即实施心肺复苏术（CPR）。

（六）噎食的预防

1. 常规预防

（1）细嚼慢咽。确保食物被充分咀嚼后再吞咽，尤其是硬质或大块食物。

（2）避免大口进食。不要一次吃太多食物，尤其是容易噎住的食物。

（3）选择合适的食物。避免食用坚果、硬糖、葡萄、爆米花等食品。

（4）加工食材。将食材切成大小适宜的块状，对吞咽困难者应切碎处理。

（5）调整食物性状。对于牙齿缺失、咀嚼能力差或吞咽困难的长者，可将食物制作成泥状、糊状或半流质状。

（6）注意进食环境。避免在进食时说话、大笑或分心。

（7）保持正确体位。进食时保持直立坐姿，禁止平躺或半卧姿势。

2. 养老机构喂饭安全规范

（1）风险评估与告知。对存在吞咽障碍的长者，须向家属明确告知风险，并根据吞咽功能评估结果确定食物性状，同步通知膳食部门。

（2）人员资质要求。负责喂饭的工作人员须具备照护的相关资质，经过专业培训，掌握基本的护理知识和技能，尤其需要掌握吞咽功能评估、噎食急救等方面的专业知识。

（3）科学喂食流程。

① 体位管理。进食时协助长者调整至舒适的姿势，一般采取坐姿或半卧位，床头抬高 30°～60°，身体稍向前倾，可在长者背后垫上靠枕，保持身体稳定。

② 喂食操作。护理员侧坐床边，将勺子送到长者嘴边，勺子与嘴唇的角度成 15°～30°，缓慢喂食，每口食物量不宜过多，约为 1/3～1/2 勺容量，待长者完全咽下后再喂下一口。

③ 过程观察。喂食过程中，要与长者保持良好的沟通，观察长者的表情、吞咽动作等，及时发现异常情况。

（4）餐后护理要点。喂饭结束后，用温水帮助长者漱口，清洁口腔，防止食物残留滋生细菌；协助长者保持进食姿势 15～30 分钟，避免立即平卧，防止食物反流导致噎食；观察长者进食后的反应，如有恶心、呕吐、呛咳等不适症状应及时报告医护人员。

（5）操作禁忌时段。餐后 30 分钟内禁止口腔检查、护理及吸痰操作。

（6）呼吸道预处理。在给患有咳嗽、多痰、喘息的长者喂食之前，应协助他们排出痰液（叩背、吸痰）、清理口腔分泌物，确保气道通畅。

（7）应急处置方案。严密观察长者的进餐反应，发现误吸，应及时清除口腔内残留食物；协助长者侧卧拍背促排，使其尽快咳出食物，或采用海姆立克急救法（剑突下快速冲击上腹部）将阻塞气道的食物排出，同时应立即通知医生，并告知家属及上级领导。

四 跌倒的急救

（一）跌倒的损伤及临床表现

不同的致伤机制可引发不同的临床表现。

1. 挫伤

由钝器撞击导致皮下组织损伤，典型症状为局部瘀斑、肿胀及血肿的形成。

2. 扭伤

扭伤常导致关节囊及周围韧带损伤，主要临床表现为关节肿胀、疼痛明显，同时有不同程度的活动受限症状。

3. 擦伤

皮肤表层受粗糙物摩擦所致的表皮损伤，特征为创面擦痕、点状出血及组织液渗出，属于最轻微的表皮损伤。

（二）急救处理原则

1. 安全评估

切勿随意搬动跌倒的长者，保持其跌倒后的原有体位，避免二次伤害。

2. 伤情判断

迅速询问事发经过，观察长者意识状态，综合评估损伤程度及潜在风险。

3. 身体检查

按头颈—躯干—四肢顺序系统检查身体，重点检查受力部位及主诉疼痛区域。

4. 初步处理

根据损伤类型采取对应措施：清洁消毒擦伤创面，加压包扎控制出血，使用夹板固定疑似骨折部位，冰敷处理软组织肿胀。

五 心脏骤停的急救

（一）心脏骤停的概念

对于突然心跳、呼吸骤停的长者，采取心肺复苏术可以有效帮助他们恢复正常的血液循环、呼吸和大脑功能。在紧急情况下，可对长者进行心脏按压、人工呼吸等支持性治疗。

（二）心脏骤停的临床表现

（1）意识突然丧失。长者在没有任何预兆的情况下突然失去意识，对外界刺激无反应，无法唤醒。此为最显著特征，通常是家人、朋友或其他目击者最先察觉到异常体征。

（2）呼吸停止或异常。表现为呼吸完全停止，或出现异常呼吸，如喘息样呼吸（濒死喘息）。

（3）皮肤变化。因血液循环停止导致全身组织缺氧，表现为皮肤苍白或发绀（青紫），以口唇、指甲等部位尤为明显。

（4）瞳孔变化。心脏骤停后瞳孔逐渐散大，通常在 1～2 分钟内发展为瞳孔固定散大。

（5）大动脉搏动消失。急救时无法触及颈动脉、股动脉等大动脉搏动。

（6）其他伴随症状。部分患者还可能出现剧烈抽搐以及肌肉收缩无力、大小便失禁等症状。部分病例可能会出现全身性短暂抽搐，伴发肌肉松弛、二便失禁等体征。

（三）心肺复苏

1. 意识评估

（1）首先确认事发地点是否适宜就地抢救。

（2）急救人员迅速检查长者的情况，以确定长者是否受到了伤害，轻拍长者，并大声呼喊“喂，您怎么了”，或者叫长者的名字。

（3）如果发现长者头颈部有创伤或怀疑长者颈部有损伤，只有在必要时才能移动长者。不适当的移动有可能造成脊髓损伤的长者瘫痪。

2. 脉搏检测

通过触诊颈动脉或股动脉判断循环体征，若持续 10 秒未能触及明显搏动，可判定为心搏停止。

3. 呼吸判断

判断有无自主呼吸。一是听长者的口鼻有无呼吸的气流声；二是看长者胸廓有无起伏；三是感觉长者口鼻有无气流吹拂感。

4. 呼救

在确认长者需要进行心肺复苏后，尽快拨打 120 急救电话。

5. 心肺复苏的操作方法

（1）长者体位和施救者位置。

① 长者仰卧于硬板床或地上，如为软床，身下应放一木板，以保证按压有效，但不要为了找木板而延误抢救时间。

② 施救者应位于长者胸部一侧，为保证按压时力量垂直作用于胸部，抢救者可根据长者所处位置的高低采用跪式或用脚凳等不同体位。

（2）胸外按压。

① 按压方法。

施救者双肘关节伸直，双肩在长者胸骨正上方，肩手保持垂直用力向下按压，按压的方向与胸骨垂直。

② 按压要领。

◇ 对于正常体形的长者，按压的幅度应该不低于 5 厘米。

◇ 最佳的按压效果应该是能够感受到颈部和股动脉的搏动，但要根据实际情况来调整按压的力度，不局限于感受到脉搏。

◇ 每次按压完毕，应该让胸部肌肉放松，让血液回流至胸腔，同时保持双臂紧贴胸壁，以确保按压的效果最佳。

◇ 按压频率为每分钟 100 ~ 120 次，每次按压后应确保胸部完全回弹，以便下一次按压前心脏和血管能够重新充盈血液，从而有效地向脑部和冠状动脉提供充足的血液供应。

（3）开放气道。

① 仰头抬颏法（适用于无颈椎损伤者）。

◇ 一只手放在长者前额，用手掌将额头用力向后推，使头部向后仰，另一只手的手指放在下颌骨处，向上抬颏。

◇ 勿用力压迫下颌部软组织，否则有可能造成长者气道梗阻，避免用拇指抬下颌。

◇ 开放气道有助于长者自主呼吸，便于心肺复苏术时口对口呼吸。如长者假牙松动，应取下，以防其脱落阻塞气道。

② 托下颌法（疑似颈椎损伤时使用）。

◇ 头部后仰。

◇ 开口：如长者紧闭双唇，可用拇指把口唇分开。

◇ 托颌：手放置在长者头部两侧，肘部支撑在长者躺的平面上，握紧下颌角，用力向上托下颌。

（4）人工呼吸。

人工呼吸是心肺复苏中重要的一部分，旨在通过外部力量向长者肺部送入空气，以维持基本的氧合功能。

① 操作流程。人工呼吸时，首先要确保气道通畅，随后捏住长者鼻孔以防止漏气。施救者正常吸一口气，用自己的口唇紧密罩住长者的口部，形成密封状。在吹气时，应快速而有力地吹入气体，每次吹气持续约 1 秒钟，并观察长者的胸廓是否随之起伏，以此判断通气是否有效。

② 胸外按压与通气的比例。在标准的心肺复苏流程中，胸外按压与通气的比例为 30：2，即每进行 30 次有效的胸外按压后，再进行 2 次人工呼吸。

③ 注意事项。口对口呼吸虽然是一种直接且有效的通气方式，但也可能带来一些风险，如胃胀气、胃内容物反流等。为了减少这些并发症的发生，施救者应缓慢吹气，减少吹气量及降低气道压峰值水平，有助于降低长者食道内压，减少胃胀气的发生。

（5）心肺复苏有效的指征。

① 大动脉搏动恢复。

② 收缩压 >60 毫米汞柱。

③ 瞳孔缩小，紫绀减退。

④ 自主呼吸恢复。

思考

1. 成人心肺复苏时打开气道最常用的方法是（　　）。

A. 仰头抬颏法　　B. 托颏法

C. 托下颌法　　D. 环状软骨压迫法

2. 出血包扎时松紧要适宜，既要（　　），又不阻断肢体的血液循环。

A. 止痛　　B. 止痒

C. 止痉　　D. 止血

3. 下面哪种情况属于Ⅰ度烫伤？（　　）

A. 皮肤发红无水疱　　B. 皮肤发红有水疱

C. 皮肤发红有破溃　　D. 皮肤破溃有焦痂

4. 开放性骨折出血，骨折的断端是否回纳？

5. 打结的结头是否能打在伤口上？

结语

一个战地的外科医生，同时要是木匠、缝纫匠、铁匠和理发匠。

——白求恩

第五章　感染防控

第一节　居住环境的清洁

一　居住环境的清洁原则和顺序

在清洁长者居住环境的过程中，应遵循“先整理，再清扫”的原则，确保环境整洁有序。

按照“从上而下，由内而外”的顺序进行清扫，这样可以有效避免重复劳动和二次污染。

二　室内空气的清洁

（一）通风时段

不推荐时段：8:00—10:00；11:00—13:00。

建议时段：14:00—16:00。

（二）通风时长

长者房间的通风时长一般为 30 分钟。

三 地面的清洁

（1）建议使用湿式清洁方法，以防止灰尘飞扬。

（2）常规情况下无须每天消毒，保持日常清洁即可。

（3）确保清洁工具干净卫生。如果长者患有传染性疾病，建议使用含氯消毒剂对拖布进行消毒 15～30 分钟，然后洗净晾干。

四 床单位的清洁

（1）清洁时间应安排在长者晨起、午睡后及日常有脏污时。

（2）对床铺及周边设施进行清洁、消毒和整理。

（3）扫床刷要套上刷套，使用前将刷套浸泡在含氯消毒液中进行消毒，应确保一床一套，不可混用。

（4）对于行动受限的卧床长者，需特别关注其特殊需求。

五 坐便器的清洁

（1）坐便器外侧。用卫生纸、专用的抹布擦拭。

（2）坐便器内侧。用小苏打或洁厕灵浸泡 10～15 分钟，再用刷子刷掉污垢，放水冲洗干净。

（3）坐便器缝隙。用竹签、方便筷等协助清洁。

（4）马桶刷应半年一换。

六 清洁的注意事项

（1）正确选择和使用清洁剂至关重要。

（2）清洁剂应单一使用，避免混合使用不同种类的清洁剂，以防止化学反应产生有害物质。

（3）清洁剂应正确保存，放置在长者无法轻易触及的地方，确保安全。使用清洁剂时，务必注意安全使用，佩戴适当的防护装备，如手套和口罩，避免直接接触皮肤和吸入有害气体。

（4）注意材质维护，选择适合不同材质的清洁剂和方法，以保护家具和装饰材料的完好无损。

第二节 居住环境的消毒

一 消毒的目的

（1）预防感染传播。长者身体抵抗力相对较弱，容易受到各种病原体的侵袭。消毒可以有效杀灭环境中的细菌、病毒、真菌等病原体，切断感染传播的途径，避免长者在居住环境接触到病原体而引发感染，如呼吸道感染、泌尿系统感染等。

（2）降低交叉感染风险。养老机构内长者聚集，人员流动相对频繁，不同长者之间容易发生交叉感染。通过对长者居住的房间、卫生间等私密空间进行消毒，以及对公共物品如餐具、生活用品等进行定期消毒，可以有效降低交叉感染的可能性。

（3）促进伤口愈合。对于有皮肤损伤或已患褥疮等的长者，消毒可以为伤口创造一个清洁、无菌的环境，有利于伤口的愈合。消毒可以清除伤口周围的病原体，减少感染的发生，防止伤口进一步恶化，促进长者的康复。

二 消毒前的准备

（1）环境准备。环境应清洁宽敞、干燥平坦，消毒前停止清扫工作，减少走动，避免尘埃飞扬。

（2）照护人员准备。着装整齐，洗净双手，戴口罩、手套。

（3）用物准备。量杯、搅拌棒、清水、消毒片（消毒液原液）、塑料桶、脸盆2个、抹布若干、拖布和拖布车。

（4）长者准备。向长者解释操作的目的、方法和注意事项等，以取得长者的配合。

三 消毒的操作方法

（一）物品表面消毒

（1）取洁净毛巾浸入 0.05% 含氯消毒液，适度拧干后均匀擦拭家具等物品表面。

（2）金属材质表面若不耐腐蚀，建议改用 75% 的乙醇溶液进行擦拭消毒。

（3）多孔材质表面建议采用 0.1% 含氯消毒液进行喷雾擦拭处理。

（二）物品浸泡消毒

（1）操作前需佩戴防护手套，物品要彻底清洗消毒，特别要注意彻底清洁物品轴节部位，确保无污渍残留。

（2）清洗后擦干物品表面水分，将其完全浸没于消毒液中，并打开物品的轴节和盖套，使消毒液充分接触并充盈管腔内部。

（3）确保物品持续浸泡 30 分钟以达到有效消毒效果。

（三）地面消毒

（1）首先，将拖布清洗干净并拧干水分，然后将其浸泡在浓度为 0.05% 的含氯消毒液中。浸泡后再次拧干，用于拖地。

（2）对耐腐蚀的地面，可以使用浓度为 0.1% 的过氧乙酸拖地，或者采用浓度为 0.2% ~ 0.4% 的过氧乙酸喷洒消毒。

四 消毒的注意事项

消毒液具有刺激性和腐蚀性，在消灭细菌的同时，可能会腐蚀某些物品，并对人体造成伤害。使用消毒液对地面消毒时，地面会变得湿滑，容易导致长者滑倒，因此需要安全使用消毒液消毒。

（1）在消毒之前，应将长者安置在床上或沙发上，并提醒他们不要随意走动，以防滑倒或摔伤。

（2）在准备消毒液之前，应准备好塑料容器、含氯消毒剂（液）、手套和口罩等必要物品。

（3）高浓度消毒剂具有强烈的刺激性和腐蚀性，使用时应佩戴口罩和橡胶手套，以保护自身安全。

（4）消毒液可能会腐蚀金属表面，并使织物褪色，因此不适合用于清洁金属制品、有色衣物和油漆家具。

（5）为了确保消毒液能够有效杀灭细菌，建议现用现配，并将其存放在密封容器中，放置在室温、湿润且空气流通的地方。

（6）消毒后应开窗通风 30 分钟，室内卧床长者应注意保暖。

第三节 手的卫生

一 洗手的重要性

照护人员日常接触的多是需要特殊照顾的长者，他们可能身体较为虚弱，免疫力低下。如果照护人员不洗手，手上携带的细菌、病毒等病原体很容易传播给被照护的长者，增加他们患病的风险。尤其是在接触不同的长者时，洗手可以有效阻断病原体的交叉传播，为长者营造一个相对安全的环境。

二 洗手前的准备

（1）有非接触式自来水龙头和齐腰高的水槽。

（2）手部无伤口，剪平指甲；穿好洗手衣（或收好袖口），备好洗手液（香皂）、干燥的毛巾。

三 洗手的方法

通过七步洗手法，可以有效地维护手部健康，清除手上的残留物、细菌，有效预防感染，从而降低传染病的发生率。

第一步（内）。洗手掌，流水湿润双手，涂抹洗手液（香皂），掌心相对，手指并拢相互揉搓。

第二步（外）。洗背侧指缝，手心对手背沿指缝相互揉搓，双手交换进行。

第三步（夹）。洗掌侧指缝，掌心相对，双手交叉沿指缝相互揉搓。

第四步（弓）。洗指背，弯曲各手指关节，半握拳，把指背放在另一手掌心旋转揉搓，双手交换进行。

第五步（大）。洗拇指，一手握住另一手大拇指旋转揉搓，双手交换进行。

第六步（立）。洗指尖，弯曲各手指关节，把指尖合拢在另一手掌心旋转揉搓，双手交换进行。

第七步（腕）。洗手腕、手臂，揉搓手腕、手臂，双手交换进行。

四　洗手的注意事项

（1）在整个过程中，要仔细揉搓双手，每次持续 15 秒以上。

（2）戒指、手表等饰品可能是滋生细菌的“特区”，所以在清洁手部之前，最好先把饰物摘下来，以免造成污垢的“漏网”，这样才能保证清洁的效果。

思考

1. 开窗通风的时间应为（　　）。

A. 10 分钟　　B. 20 分钟

C. 30 分钟　　D. 60 分钟

2. 清洁可以达到的目的是（　　）。

A. 杀灭所有细菌　　B. 杀灭所有病原微生物

C. 杀灭所有病毒　　D. 清除体表微生物及污垢

结语

当身体依旧健壮时，就已在人生之路上蹒跚踉跄，这是灵魂的羞耻。

——马可·奥勒留

第三部分
生活照护

第六章　清洁照护

第一节　头　发

头部是人体皮脂腺分布最为密集的部位。皮脂与汗液常常伴随灰尘黏附于头发、头皮上，形成污垢。这些污垢不但会散发难闻的气味，还有可能引起脱发和其他皮肤疾病。经常洗发不但可以除去污秽和脱落的头发以及头屑，保持清洁、舒适、美观，还能提高自信。除此之外，洗发时对头皮进行按摩，还可以促进血液循环，有利于头发的生长。

一　头发梳理

（一）用具准备

梳子、治疗巾（毛巾）、30% 酒精溶液和纸。必要时准备发夹和橡皮筋。

（二）梳理步骤

（1）操作前向长者解释床上梳头操作的目的、过程和配合方法。

（2）帮助长者选择舒适的姿势（坐姿、半坐姿或仰卧姿）。

（3）铺治疗巾（毛巾）于长者枕头上或肩上。

（4）为女性长者梳发时，将头发从中间分为两股，左手握住其中一股。梳理时，从发梢开始，逐步向发根方向梳理。如遇发结，可将头发绕在食指上，用 30% 酒精溶液轻轻湿润后，再缓慢梳顺。另一股头发也采用相同方法梳理。梳理完毕后，可将长发编成发辫，并用橡皮筋扎紧固定。

（5）取下长者枕头上或肩上的治疗巾（毛巾），帮助长者找到舒适的体位，并整理床上的物品和用品。

（三）注意事项

（1）梳理头发时，要轻柔地进行，避免用力拉扯，将长发分成若干小束，并从发梢开始，慢慢梳到发根。

（2）掌握头皮按摩技巧。

（3）尊重长者的习惯，尽可能满足个人喜好。

（4）在梳发的过程中，要密切关注长者的反应，并给予他们心理支持。

二　头发清洁

（一）准备物品

清洁头发时应准备的物品主要有：洗发垫、浴巾毛巾、棉球（以不吸水棉花为宜）、洗发液、梳子、水盆、水壶、污水桶、电吹风等。

（二）洗发步骤

（1）在操作之前，与长者沟通，确保其配合。

（2）帮助长者躺下，将头靠在床边，枕头置于其肩背部。

（3）将洗发垫和毛巾放在枕头上，轻轻拉开衣领并内折。

（4）将一个马蹄形的垫子放在长者后颈部，确保长者的颈部靠在凸出位置，头部放入槽中，槽底放置污水桶。

（5）用棉球塞住双耳道，使用眼罩或纱布覆盖双眼，请长者轻轻闭眼。

（6）确认水温适宜，建议控制在 40～45℃。

（7）将头发浸泡在水中，然后将洗发液倒入手掌，轻轻按摩头发使其顺滑；用指腹从发际处轻轻按摩头皮，力度适中；用梳子梳理散落的发丝，直至头发完全清洁。

（8）完成洗发后，用毛巾包裹头发，双手托住长者头部，取下马蹄形垫，取出耳内的棉球，取下眼罩或纱布，用毛巾擦干脸上的水分。

（9）建议使用长者包头的毛巾按摩头皮，然后使用大浴巾擦干头发或者使用电吹风将头发完全吹干，按照长者的习惯整理发型。

（10）撤去洗护物品，整理床铺。

（三）注意事项

（1）关闭门窗，将室内温度调至 22～26℃，以确保环境舒适。

（2）密切关注长者的情况，包括脸色、心跳和呼吸，一旦发现任何异常，应立即停止操作，并向医生汇报。

（3）注意水温，避免烫伤或受凉。洗完后及时把头发擦干或吹干。

（4）防止洗头水流入长者双眼及双耳内，避免弄湿床单被褥。

（5）防止头皮擦伤或疼痛，应确保揉搓时力度适中，不用手指甲抓挠头皮。

三 头发健康及其保养

（一）培养头发清洁习惯

洗发是一种有效的护肤方式，它能够去除头发和头皮上的污垢，维护头部的健康状态。并且洗发还有助于促进头皮的血液循环，增强头发根部的营养吸收。洗发的频次应根据发质和季节调整，一般建议每周 1～2 次。

（二）精选梳具与洗发护发产品

梳理头发时，宜选用质地柔和的胶木、实木或牛角材质梳子，并且梳子的最佳形状是钝圆，其圆润的梳齿不会损伤头皮。每日梳发 2～3 次为宜，梳理时注意控制力度，按照个人的头皮健康状况选用洗发水和护发素。

（三）掌握护发技巧

建议洗发后自然晾干，若需使用电吹风，应注意控制温度避免过热。束发时宜保持适度宽松，防止因扎发过紧阻碍头皮血液循环。尽量减少烫染频率以降低发质受损风险。注意季节防护：冬季注意头部保暖，夏季避免阳光直射头皮，并可通过定期按摩头部促进血液循环。

（四）注意全身养护

健康的身体和良好的心理状态是秀发健美的根基。日常应保证饮食均衡，尤其注重摄取优质蛋白质、维生素及矿物质，为头发生长提供充足营养。同时保持规律的作息与适度的运动，既能强健体魄，又能通过改善机体代谢实现头发由内而外的修复。

思考

1. 为卧床长者洗头时，下列哪项是错误的（　　）。

A. 用纱布遮盖双眼　　B. 耳朵填塞棉球

C. 避免沾湿衣服和被褥　　D. 双手十指指尖揉搓头发

E. 及时擦干头发，防止受凉

2. 头发清洁与梳理的目的不包括（　　）。

A. 按摩头皮，促进血液循环　　B. 保持头发清洁，使长者舒适

C. 有效地清除头皮屑及污垢　　D. 保持良好个人形象

E. 进行心理照护及卫生宣教，满足长者身心需要

3. 照护人员为长者洗头发的过程中，长者突然感到心慌、气短、出冷汗，照护人员应立即（　　）。

A. 请长者深呼吸　　B. 鼓励长者再坚持片刻

C. 加快速度尽快完成　　D. 停止洗发，让长者平卧

E. 边洗发边通知家人

结语

清洁仅次于圣洁。

——约翰·韦斯利

第二节　口　腔

保持口腔清洁非常重要。通过清洁口腔，能够维持良好的口腔卫生，不仅让个人形象更出众，利于人际交往，还能增强自信心；与此同时，它可以有效清除食物残渣，减少口臭和异味的产生；口腔清洁还有助于促进唾液分泌，抑制细菌滋生，降低感染风险，全方位呵护口腔健康。

一　口腔清洁与健康观察要点

口腔清洁与健康观察十分重要，需要多方面细致检查。

◇ 观察并询问是否存在口臭现象，仔细询问并检查口腔内有无疼痛感。

◇ 观察嘴唇、牙龈和舌头是否出现肿胀或出血症状。

◇ 查看牙齿表面及牙缝间是否有食物残渣、牙菌斑或牙结石等。

◇ 检查是否有牙齿松动以及龋齿情况。

◇ 如果佩戴假牙，还要判断假牙是否合适，并查看假牙上有无污垢。

通过这些观察要点，能全面了解长者的口腔卫生与健康状况，及时发现问题并采取相应措施，维护口腔健康。

二 口腔清洁的协助

（一）自理、半自理的长者

自理长者及上肢功能良好的半自理长者，可在照护人员的协助下通过漱口、刷牙的方法清洁口腔。

（二）不能自理的长者

不能自理的长者，在日常生活中如果无法独立进行口腔清洁，应该寻求专业人士的帮助。常见方式是使用棉球或其他工具对长者进行口腔清洁。

重点关注的人群包括：失去意识、无法进食、胃管喂养、脱水、厌食、呼吸困难、长期卧床不能自理的长者。

三 协助长者漱口

照护人员协助长者漱口应当细致且周到，以确保长者的口腔清洁与舒适。

（一）工作准备

（1）环境准备。室内环境清洁，温湿度适宜。

（2）照护人员准备。着装整洁，洗净双手，佩戴口罩。

（3）长者准备。长者平卧于床上。

（4）物品准备。漱口杯 1 个、吸管 1 根、弯盘或小碗 1 个、毛巾 1 条，必要时备润唇膏 1 支。

（二）沟通

照护人员协助长者漱口前应向长者解释漱口的目的和过程，确保长者理解并配合。

（三）调整体位

协助长者采取侧卧位，使其面部朝向照护人员。长者头部与胸部略抬高，将毛巾铺展于其下颌至胸前区域，防止漱口时浸湿枕头与被褥。在长者嘴角旁放置弯盘或小碗。

（四）协助漱口

将盛有 2/3 清水的杯子放至长者口角处，指导其直接含漱或通过吸管吸取适量漱口水；叮嘱长者闭紧双唇后用力鼓动脸颊，使漱口水在口腔内充分涌动；协助长者将漱口水吐入预先放置的弯盘或小碗中，或通过吸管将液体导出；重复漱洗直至口腔清洁，用毛巾拭净口周水渍；视情况为长者涂抹润唇膏进行保湿护理。

（五）整理用具

整理床单位，清理用物，放回原处。

（六）注意事项

（1）漱口水的水温应适宜，避免过热或过冷。

（2）为了避免呛咳和误吸，每次漱口水的用量应该控制在合理的范围内。

（3）漱口过程中，应密切观察长者的面色和反应，如有异常应立即停止操作并寻求医护人员的帮助。

（4）当卧床长者漱口时，应在嘴角处放置一条毛巾，以防止漱口水弄湿衣物。

四　协助长者刷牙

（一）工作准备

（1）环境准备。室内环境清洁，温湿度适宜。

（2）照护人员准备。着装整洁，洗净并温暖双手，戴口罩。

（3）长者准备。长者平卧于床上。

（4）物品准备。牙刷 1 把、牙膏 1 支、漱口杯 1 个、毛巾 1 条、橡胶单（塑料布）1 块、脸盆 1 个，必要时备润唇膏 1 支。

（二）沟通

协助长者刷牙前应向长者解释刷牙的过程，以获得长者的理解和配合。

（三）摆放体位

根据长者的生命体征及配合能力，协助取合适的体位，将橡胶单铺在长者胸前，并确保脸盆的稳定。

（四）协助刷牙

挤好牙膏，漱口杯中盛 2/3 清水。递给长者漱口杯及牙刷，叮嘱长者身体前倾，先口含一小口水漱口，湿润口腔，再进行刷牙。上下牙齿咬合，采用竖刷法刷牙齿外侧面（张开口腔，上牙从上向下刷，下牙从下向上刷）；螺旋形刷牙齿咬合面。还可用牙刷毛轻轻按摩牙龈，刷牙时间不少于 3 分钟。刷牙完毕，含水再次漱口。用毛巾擦净长者口角水痕。

（五）整理用具

刷牙结束后撤去用具。根据长者需要调整体位。如有必要，帮助长者涂抹润唇膏。

（六）注意事项

（1）脸盆放稳，避免打湿床铺。
（2）刷牙时动作要轻柔，避免损害牙龈。

五　使用棉棒清洁口腔

（一）工作准备

（1）环境准备。室内环境清洁，温湿度适宜。
（2）照护人员准备。着装整洁，洗净并温暖双手，戴口罩。
（3）长者准备。长者平卧于床上。
（4）物品准备。漱口杯 1 个、大棉棒 1 包、毛巾 1 条、污物碗 1 个，必要时备润唇膏 1 支。

（二）沟通

协助长者清洁口腔前应向长者解释清洁口腔的目的和过程，以获得长者的理解和配合。

（三）摆放体位

备齐用具，放至床旁。协助长者采取侧卧或平躺的姿势，使头部朝向照护人员。将毛巾铺于长者的下颌至胸前区域，将污物碗放在枕头旁。

（四）擦拭口腔

取一根棉棒蘸适量漱口水，按部位分步清洁：首先擦拭口唇；叮嘱长者咬合牙齿，擦拭牙齿外侧面（由内而外纵向擦拭至门齿）；叮嘱长者张开口腔，分别擦拭牙齿内侧面、咬合面；轻轻按压牙龈；分别擦拭两侧颊部口腔；最后依次擦拭上腭、舌面及舌下。清洁完成后让长者再次张口，仔细检查口腔是否擦拭干净，并用毛巾擦净长者口角残留的水痕。

（五）整理用具

清洁后，将所有物品撤走，并将床单位整理好。如有必要，在长者嘴唇上涂抹润唇膏。

（六）注意事项

（1）用棉棒蘸取适量清水，轻轻地按压在杯壁上挤去多余水分，以防止漱口水因接触牙齿而进入气管，从而导致呛咳现象的发生。

（2）一根棉棒只使用一次，不可反复蘸取漱口水使用。

（3）擦拭上腭及舌面时，位置不能太靠近咽部，以防止长者出现恶心或不适的症状。

思考

1. 关于长者口腔的清洁方法，说法错误的是（　　）。

A. 能自理的长者可以通过漱口、刷牙的方法清洁口腔

B. 上肢功能良好的半自理长者可以通过漱口、刷牙的方法清洁口腔

C. 不能自理的长者需要照护人员协助做好口腔清洁

D. 对于昏迷长者，可通过漱口达到清洁口腔的目的

E. 对于体弱长者，可通过漱口达到清洁口腔的目的

2. 协助长者清洁口腔时，错误的方法是（　　）。

A. 平卧位时头偏向一侧　　B. 弯盘置于口角边

C. 棉棒不可过湿　　D. 擦拭舌面时，位置不能太靠近咽部

E. 一根棉棒可反复使用

3. 假牙清洗后不可浸泡在热水或酒精中，以免老化变形。（　　）

A. 正确　　B. 错误

结语

清洁的口腔造就健康的身体。

——佚名

第三节　洗　漱

洗漱不仅可以保持个人卫生，还可促进身体健康，提升自信心和形象。

一　洗脸、洗手、洗脚

（一）物品准备

毛巾、香皂、洗手液、洗面皂或者洁面乳、脸盆、水壶（加入温水）、水温计、防水布或橡胶单、靠垫、浴巾、指甲刀、保湿乳霜等。

（二）洗脸

1. 洗脸步骤

（1）准备物品，与长者沟通，并获得其配合。

（2）摇高床头，帮助长者调整到舒适的体位，胸前铺上干毛巾。

（3）根据长者的皮肤状况和个人偏好，选择合适的洁面产品，并随季节变化调整。

（4）将洁面乳放入掌心，轻轻地揉出泡沫。然后，轻轻地拍打并轻柔地抚摩长

者的脸颊，从局部到整体，依次进行。

（5）将毛巾用温水浸湿，拧干至不滴水，擦拭眼部、面部及耳郭。

（6）洗完脸之后，根据长者的偏好，涂抹保湿护肤品即可。

2. 注意事项

（1）在整个洗脸过程中，动作要轻柔，关注长者的感受和反应。

（2）尽量鼓励长者自己洗脸，避免功能退化。

（3）毛巾不能互用，须定期消毒，避免交叉感染。

（4）清洁眼部时，避免压迫眼球。

（三）洗手

1. 针对可下床活动的长者

（1）做好准备工作，打开水龙头，让流动的清水湿润长者双手，确保水温适宜。

（2）关上水龙头，取适量香皂或洗手液，双手充分揉搓 30 秒，使手掌、手背、手腕全面清洁。

（3）打开水龙头，用流水冲去泡沫，冲洗 20 秒左右。

（4）清洗干净后用干毛巾或卫生纸擦干手。

2. 针对卧床的长者

（1）和长者沟通，说明洗手的顺序，取得同意。

（2）长者取仰卧位，抬高床头（约 15°）。

（3）在长者腹部铺上防水单，放置装有热水的洗脸盆，水温 39℃左右。

（4）将长者的手浸入洗脸盆，用香皂仔细搓揉指缝清洗。

（5）用温水冲洗干净，再用毛巾擦干。另一只手也以同样的顺序进行。指甲过长的要及时进行修剪。

（6）洗手结束后，观察长者的身体状况。

（7）恢复床的高度，收拾物品。

3. 注意事项

（1）尽量帮助和鼓励长者自己洗手，避免功能退化。

（2）皮肤干燥的长者，可以涂抹一些护肤品。

（四）洗脚

1. 洗脚照护过程

（1）准备工作。向长者说明洗脚顺序并取得同意，将床头抬高 15°；准备物品，确保环境温度适宜；调试水温至 40～42℃，水量控制在足浴盆 1/2 稍低处的位置。

（2）操作实施。协助长者屈膝，在膝窝处放置支撑靠垫；于床尾铺橡胶单及浴巾，托住长者足跟将其双脚缓慢浸入水中；单手固定长者脚后跟，另一手使用浴皂仔细清洁脚部，重点清洗脚底、趾缝等部位；将双脚移出污水，用清洁温水冲淋干净；移走足浴盆，用浴巾包裹双脚轻柔擦干，特别注意吸干趾缝间的水分；进行趾甲修剪及脚部皮肤护理，皮肤干燥者涂抹润肤霜。

（3）操作后处理。协助长者恢复至舒适体位，调整床铺高度至水平位置；观察足部皮肤状况，询问长者感受；整理用物，做好环境清洁。

2. 注意事项

（1）泡脚时间不宜过长，10～20 分钟为宜。

（2）卧床长者尽量采用擦洗方式。

（3）毛巾不能互用，定期消毒，避免交叉感染。

二 擦浴

长者的皮肤容易出现各种问题，擦浴不仅能够帮助无法入浴的长者维持皮肤清洁，让他们感到舒适，而且能够促进血液循环，有效预防褥疮；此外，通过整理仪容仪表，也能够培养长者的自信心，并且增进养老照护人员与长者之间的感情。

（一）前期准备

（1）物品准备。擦浴前应准备以下物品：毛巾（浴巾、擦手巾、擦拭阴部专用毛巾等）、香皂或沐浴露、脸盆、污水桶、温水桶、装有热水的水壶或热水瓶（在擦拭之前调整水温，大约 40℃）、水温计、防水布、避免弄湿地面的塑料布、垫子、润肤露、干净的衣服等。

（2）环境准备。调节室内温度至 24～26℃；拉上窗帘或用屏风遮挡，保护长者的隐私。

（3）长者准备。无不适宜擦浴的疾病。

（二）擦浴顺序

（1）遵循自上而下、由远及近的擦拭顺序：依次为脸部—上肢—胸腹部—背臀部—下肢—会阴部。

（2）擦拭方向应从肢体远端向近心端进行，以促进静脉回流，改善血液循环。

（三）擦浴步骤

1. 准备

（1）在擦浴前先和长者沟通，向其解释擦浴的过程，以得到长者的配合。

（2）协助长者躺在床上。

2. 脸部擦拭

（1）将一条柔软的浴巾放在长者的头顶，另一条则覆盖在胸前，尽量让长者自己轻轻地擦拭。

（2）从眼部周围开始擦拭，由内眦至外眦；为预防感染，左眼和右眼要用毛巾的不同面擦拭（眼部擦洗时避免使用香皂，以免刺激眼睛）。

（3）按照额头、鼻子、脸颊、嘴巴周围、下颏、耳郭背面、颈部的顺序擦拭。

3. 上肢擦拭

（1）为长者脱去上衣，盖好浴巾。先脱近侧后脱远侧。如有肢体外伤或活动障碍，应先脱健侧，后脱患侧。

（2）将浴巾纵向铺于长者上肢下面，在毛巾上涂好香皂或沐浴露，从下方托住手腕，擦洗长者上肢，从手腕向腋下的方向擦拭，直至腋窝，注意擦净腋窝等皮肤皱褶处，然后用清水擦净，并用浴巾擦干。

（3）擦拭手指时，用毛巾包裹手指，一根一根地擦拭。

（4）同法擦洗对侧上肢。

4. 胸部和腹部擦拭

（1）将浴巾盖于长者胸部，将被子向下折叠至长者脐部。照护人员一只手掀起浴巾一边，用另一只包有毛巾的手擦洗长者胸部。擦洗女性长者乳房时应环形用力，注意擦净乳房下皮肤皱褶处。必要时，可将乳房抬起以擦洗皱褶处皮肤。

（2）将被子向下折叠至会阴部，浴巾纵向盖于长者胸腹部（可使用两条浴巾）。照护人员一只手掀起浴巾一边，用另一只包有毛巾的手擦洗长者腹部一侧，同法擦洗腹部另一侧。擦拭腹部时，要沿着肠道的走向，顺时针擦拭。应注意擦净脐部和腹股沟的皮肤皱褶处。

5. 背部和臀部擦拭

（1）在长者身下铺上浴巾，协助长者躺下，背对着照护人员。

（2）将浴巾覆盖在长者的肩膀和腿上，沿着脊柱的方向轻轻地擦拭背部，然后是颈部，最后是臀部。注意清洁臀部和肛门周围的皮肤皱褶处。

（3）背部到臀部容易长褥疮，应仔细观察是否有发红的地方。

（4）协助长者穿好干净的上衣。先穿远侧，后穿近侧。如有肢体外伤或活动障碍，应先穿患侧，后穿健侧。

6. 下肢擦拭

（1）将浴巾纵向铺于近侧腿部下面，协助长者平卧。

（2）协助长者弯曲膝盖，手扶其脚踝或膝盖后方，然后擦拭踝部、膝关节和大腿，确保清洁度，最后彻底擦干。从远心端开始，一直到近心端，这样可以促进静脉回流。

（3）移盆于足下，盆下垫上浴巾。

（4）一手托起长者小腿部，将足部轻轻置于盆内，浸泡后擦洗足部，注意清洁趾间部位，因为这些地方通常比较潮湿，容易滋生细菌。根据情况修剪趾甲，若足部过于干燥，可使用润肤露。

（5）将浴巾盖于已洗净的一腿，同法擦洗另一侧的腿部和足部。

7. 会阴部擦拭

（1）使用专用毛巾（专用纱布），不要用同一面擦拭两次。

（2）擦拭臀部时，从干净的部位擦向污秽的地方，以圆形由外向内擦拭；女性会阴部，由前向后擦拭，男性需注意容易堆积污秽的龟头部位，在擦拭睾丸时需要将内侧的褶皱撑开擦拭。

（3）注意清洁肛门周围的污垢。

（4）协助长者穿好干净的裤子。

8. 后期工作

（1）整理床上用品，协助长者调整体位，恢复床的高度。

（2）确认长者身体状况，如有异常，及时请医生查看。

（3）检查床周围是否有水渍，清洗使用过的物品并进行整理。

（四）注意事项

（1）不断调节水温，同时在擦拭时不断询问长者毛巾温度是否合适。

（2）擦拭要轻柔，并及时用浴巾将长者的裸露部位包裹起来，以免受凉，同时也要注意保护好长者的隐私。

（3）及时更换干净的水，并确保水温适宜。

（4）在擦浴过程中，应密切观察长者的状况，如有不适，立即停止擦浴，并联系专家和医疗团队。

（5）清洗会阴部、足部的水盆及毛巾要分开单独使用。

（6）擦拭完成后，补充水分并注意保暖。

（7）对于血压等生命体征不稳定或患有皮肤疾病、循环系统障碍的长者，要事先征得医生的同意。

三 淋浴

进行淋浴不仅能有效保持长者肌肤的柔软与弹性，还能缓解因年龄增长带来的肌肉僵硬感，促进血液循环，加速体内新陈代谢，显著提升睡眠质量。另外，对于部分因身体状况（如心脏疾病）或行动不便（如进出浴缸困难）而无法享受传统泡澡乐趣的长者而言，淋浴是一种更为安全、便捷的选择。

（一）前期准备

（1）物品准备。需要准备的物品包括毛巾、浴巾、浴液和香皂、洗发液、梳子、淋浴椅、防滑拖鞋或防滑垫、吹风机及干净的衣服等。

（2）环境准备。调节室内温度至 24 ~ 26℃。

（3）长者准备。没有不适宜淋浴的各类疾病。当天血压高于或低于正常范围应尽量避免淋浴，同时应监控血压，如有异常及时处理。

（二）淋浴步骤

（1）在擦浴前应先和长者沟通，向其解释擦浴的过程，以得到长者的配合。

（2）扶长者进浴室；适合淋浴的长者如有站立或步行不稳的情况，可使用轮椅推送至浴室。

（3）协助长者脱去衣服，在肩膀和膝盖上盖上毛巾，事先用温水将淋浴椅淋暖。

（4）为防止烫伤，养老照护人员确认水温后再让长者进行淋浴，水温 40 ~ 42℃为宜。

（5）洗头时，叮嘱长者身体靠紧椅背，头稍后仰，手持花洒淋湿头发后为长者涂抹洗发水，双手指腹揉搓、按摩头皮（力量适中，揉搓方向由发际向头顶部），然后将洗发水冲洗干净。身体涂抹浴液后，要充分冲洗干净。

（6）根据长者的需求，为其涂上润肤油。

（三）注意事项

（1）为了确保长者的健康，建议在进食 1 小时后再进行淋浴。

（2）浴室地面应放置防滑垫，叮嘱长者穿着防滑拖鞋；洗浴结束时，应先将地面上的洗发水和香皂泡沫冲洗干净，防止长者滑倒摔伤。

（3）如果长者的健康状况良好，要求独自洗澡时，浴室不要锁门，且在门口悬挂指引标识。同时，照护人员还应不断询问长者是否需要帮助。

（4）先调水温再协助长者淋浴，调水温时先开冷水后开热水。

（5）淋浴时，为减轻长者心脏负担，应按照从远离心脏的脚底、手、躯干向全身的顺序进行淋浴。

（6）长者淋浴时间不宜过长，水温不宜过高，以免引起头晕等不适症状。

（7）在淋浴过程中，应密切关注长者的反应，并询问长者有无不适，一旦发现不适，应立即停止操作并向专业医疗人员报告。

思考

1. 帮助长者在床上擦浴时正确的做法是（　　）。

A. 无须关闭门窗，用屏风或围帘遮挡即可

B. 置盆具于床旁椅上，水桶内盛热水倒入盆具内 1/3

C. 擦洗下肢时用稍湿的毛巾由膝关节向下擦洗

D. 擦洗上肢时从手腕开始由下向上擦

2. 协助长者淋浴前应（　　）。

A. 告诉长者关好门　　B. 教会长者使用信号铃

C. 帮助长者将水温调至 22℃　　D. 打开门窗通风

结语

美必须干干净净、清清白白，在形象上如此，在内心中更是如此。

——孟德斯鸠

第四节　会阴部

一　女性会阴清洁

女性会阴清洁不仅是日常卫生的重要环节，更是预防疾病、维护健康、提升生活质量的关键措施。科学的清洁方法和护理习惯对女性的整体健康具有重要意义。

（一）会阴擦洗

1. 工作准备

（1）环境准备。室温24～26℃，关闭门窗，用屏风遮挡。

（2）照护人员准备。穿着整洁，佩戴口罩，清洗双手。

（3）长者准备。长者平卧于床。

（4）用物准备。使用专业的清洁工具，如会阴擦洗包、治疗车、PE手套、防水垫或一次性尿垫以及医用垃圾桶和生活垃圾桶、屏风等。

2. 沟通

向长者解释操作目的、步骤和注意事项，以取得配合。

3. 操作步骤

（1）将中单铺于臀下。长者仰卧屈膝，照护人员立于长者右侧，将盖被扇形折叠盖于长者胸腹部。脱对侧裤腿，盖于近侧裤腿上，对侧下肢用大毛巾遮盖，嘱咐长者两腿屈膝自然分开，暴露外阴。

（2）照护人员戴上手套。

（3）从阴阜开始，经过大阴唇、小阴唇、尿管口、阴道口和肛门，直至擦洗干净。

（4）撤去用物，整理床单位。

4. 注意事项

（1）擦洗动作轻柔，避免损伤皮肤。

（2）在清洁过程中，应检查外阴和受损部位是否发炎，并密切关注分泌液的特征以及伤口的恢复状态。

（3）在安装尿管时，应注意是否能够顺利通过或脱落。

（4）擦洗前后，照护人员必须洗手，避免交叉感染。

（二）会阴冲洗

1. 工作准备

（1）环境准备。室温24～26℃，关闭门窗，用屏风遮挡。

（2）照护人员准备。衣着整洁，洗净双手。

（3）长者准备。平卧于床。

（4）用物准备。冲洗壶（内盛38～40℃温水）、棉球（6～8个）、镊子、弯盘、橡胶单、一次性橡胶手套、中单或一次性尿垫、浴巾、便盆、屏风等。

2. 沟通

向长者解释冲洗的目的及方法，以取得配合。

3. 操作步骤

（1）协助长者取仰卧位，脱对侧裤腿盖近侧腿上，对侧盖被子，近侧盖浴巾，暴露会阴部，臀下垫橡胶单或塑料布、中单或一次性尿垫，放置便盆。

（2）照护人员戴上手套，一手持冲洗壶，壶口距耻骨连合处 10 厘米，另一手持无菌棉球。

（3）从阴阜开始，沿着尿道口和阴道口一直到肛门，遵循“由上至下、由内向外”原则，先中间后两侧，避免来回擦拭。清洁完成后，撤掉中单或尿垫，为长者穿上长裤，并调整到舒适的体位。

（4）整理用物，清洗双手。

4. 注意事项

（1）照护人员在给长者清洗前后均应洗手。

（2）应避免将便盆紧紧地压在长者的臀部，损害骶尾部皮肤。

（3）在冲洗过程中，轻轻地倒水，以免把床单弄湿。

（4）为了保持健康，将毛巾和便盆分开使用。

（5）操作时应注意给长者保暖，避免其因身体过度裸露而受凉。

（6）注意遮挡，尊重长者隐私。

（7）确保水温适宜，以免烫伤长者或造成其他不适。

（8）在清洁过程中，应留心会阴周围肌肤的状态。

（9）如果皮肤和黏膜受到损伤，首先应该清洗受伤的部位，并确保没有感染。

二 男性会阴清洁

男性会阴的清洁除了个别清洁工具、操作步骤，其他如洗前准备、长者的摆位、环境及沟通等事项与女性会阴清洁相同。

（一）准备用物

清洗工具主要有：棉球、弯止血钳、弯盘、清洗液、便盆、橡胶单（塑料布）、中单（一次性尿垫）、冲洗壶、小毛巾、手套等。

（二）操作步骤

（1）照护人员戴手套，用无菌纱布包裹阴茎，捏住并向上提起，自尿道口、龟头向外旋转擦拭清洗，翻开包皮，暴露冠状沟，由龟头向阴茎根部清洗，注意洗净包皮及冠状沟。

（2）仔细清洁阴囊和周围皮肤，从上到下按顺序擦拭 2～3 次。
（3）清洗干净后，将包皮上推，覆盖龟头。

（三）注意事项

（1）避免长者的身体暴露在寒冷的环境中。
（2）注意遮挡，尊重长者隐私。
（3）确保使用适当的清洁方法，避免将长者的床单或毯子沾湿。
（4）注意水温，避免烫伤长者。
（5）注意外阴部的皮肤情况。
（6）如发现长者有异常情况，应做好记录并及时报告医生。

思考

1. 下面关于会阴冲洗说法错误的是（　　）。
A. 照护人员给长者清洗前无须洗手
B. 便盆不可硬塞于长者臀下，以免挫伤骶尾部皮肤
C. 冲洗时缓慢倒水，避免打湿被褥
D. 注意遮挡，尊重长者隐私
E. 清洗会阴部的毛巾和水盆要单独使用
2. 会阴冲洗的顺序是由外向内。（　　）
A. 正确　　B. 错误
3. 会阴冲洗的水温是 45～50℃。（　　）
A. 正确　　B. 错误
4. 会阴擦洗的棉球不可以反复使用。（　　）
A. 正确　　B. 错误
5. 会阴擦洗的顺序是由外向内，自上而下。（　　）
A. 正确　　B. 错误

结语

每一位女性都值得拥有最美好的生活，而健康是这一切的基础。

——佚名

第五节　仪容仪表

仪容仪表是个人精神风貌的外在呈现，得体的形象不仅能传递积极的生活态度，更能为他人带来视觉愉悦。对长者而言，保持整洁的仪容仪表尤为重要，这不仅是维护个人形象的基本要求，更是提升自信心与自尊心的有效方式。清爽整洁的外表能让长者获得良好的自我认同感，这种积极心态本身就能促进身心健康。日常坚持修剪手足指（趾）甲、定期剃须等细节护理，既保障了身体的活动，又能降低因个人卫生问题引发的健康风险。

一　修剪指（趾）甲

（一）前期准备

（1）环境准备。环境整洁，温湿度适宜。
（2）照护人员准备。照护人员着装整洁，洗净双手。
（3）长者准备。长者取坐位或卧位。
（4）物品准备。指甲刀、纸巾、75% 的酒精、润肤油等。

（二）沟通

为长者修剪指（趾）甲前须与长者沟通，以取得配合。

（三）修剪方法

照护人员在长者手（足）下铺垫纸巾，左手握住长者一只手（足）的手指（脚趾），右手持指甲刀（弧形），修剪指甲，长度与指端平齐或稍短一些为宜。手指用圆剪，脚趾用平剪。

最后用指甲锉逐一修理锉平指（趾）甲边缘毛刺。

（四）整理用具

将指（趾）甲碎屑用纸巾包装起来，扔进垃圾桶，整理用具。

（五）注意事项

（1）长者沐浴后指（趾）甲较软，便于修剪。

（2）日常修剪指（趾）甲，遇长者指（趾）甲较硬时，可用温热毛巾包裹片刻，再进行修剪。

（3）修剪指（趾）甲时，要避免损伤皮肤。

（4）指甲刀要及时消毒。

二　剃须

（一）前期准备

（1）环境准备。环境整洁，温湿度适宜。

（2）照护人员准备。照护人员着装整洁，洗净双手。

（3）长者准备。长者取坐位或卧位。

（4）物品准备。电动剃须刀、毛巾、润肤油。

（二）沟通

为长者剃前须与长者沟通，以取得配合。

（三）剃须方法

剃须一般在长者晨起清洁面部后进行。一手绷紧皮肤，另一手打开电动剃须刀开关，以从左至右、从上到下的顺序剃须，剃须完毕，用毛巾擦拭剃须部位，检查是否剃净，有无遗漏部位。最后根据需要擦润肤油。

（四）整理用具

剃须结束后将用具放回原处，清洗毛巾，晾干备用。

（五）注意事项

（1）照护人员在为长者剃须时，请确保皮肤保持紧绷，避免损伤。

（2）对于坚硬的胡须，剃须前可以用温热的毛巾敷 5 ~ 10 分钟。

三 检查修饰仪容仪表

为了维护长者的健康与尊严，日常仪容仪表的打理至关重要。建议长者每日坚持清洁护理。对于男性长者而言，定期剃须可以保持面部的光洁与年轻态，同时，保持头发的整洁与适当修剪，能够彰显其精神风貌。此外，指（趾）甲的定期修剪同样不可忽视，这是维护个人卫生、预防疾病的重要一环。

（一）工作准备

（1）环境准备。环境整洁，温湿度适宜。

（2）照护人员准备。照护人员着装整洁，洗净双手。

（3）长者准备。长者取坐位或卧位。

（4）物品准备。镜子、毛巾、梳子、适宜服装（自备）。

（二）检查修饰仪容

检查长者仪容时，首先要查看整体的清洁度。应重点检查长者的面部区域，观察眼角、口角及鼻孔处是否有分泌物，若有，可使用柔软的毛巾轻轻擦拭；检查指（趾）甲是否过长，避免藏污纳垢。随后为长者修饰仪容：将长者的头发梳理整齐，根据长者的喜好选择合适的发型。

（三）检查修饰仪表

检查长者仪表时，要着重观察其是否整洁，例如，查看长者的衣物是否平整干净，有无污渍等情况。修饰仪表时，要充分考虑时间、地点、场合，为长者选择适宜的着装。同时，要注意掸去衣服上的头屑和脱落的头发，确保长者衣着整洁，无污渍。

协助长者站在镜子前，让他们通过镜面直观地看到自己的形象。在照镜子的过程中，照护人员要耐心询问长者的需求，根据长者的喜好进行修饰，满足长者的个性化需求，使其感受到充分的尊重和关怀。

（四）注意事项

（1）要根据长者的健康状况、个人喜好等协助其整理仪容仪表。

（2）在进行仪容仪表的修饰时，应耐心询问长者的意见和喜好。

（3）在仪容仪表的修饰过程中，动作要轻柔。

（4）仪容仪表要求做到干净、整洁。

思考

帮助卧床长者修剪趾甲时，下列做法中错误的是（　　）。

A. 帮助长者脱去袜子　　B. 将长者裤子卷过膝盖

C. 将长者双足浸入盆内温水中　　D. 修剪完后将护肤霜涂于长者的双足

结语

仪表之美，胜于华服。

——佚名

第六节　假牙的佩戴、摘取和清洁

一　假牙的概念、作用和分类

假牙是通过人工材料（如树脂、陶瓷、金属等）制作的牙齿替代品，用于填补因疾病、外伤或衰老导致的牙齿缺失。

假牙的主要作用是恢复咀嚼功能、改善面部美观、防止口腔结构变化、辅助发音清晰，以外还有恢复自信、改善因缺牙导致的社交焦虑或自卑心理的作用。

假牙主要有以下几种：活动假牙（可自行摘戴，适用于部分或全口牙齿缺失）、固定假牙（牙冠、牙桥，通过粘接或种植体固定在口腔内，不可随意取下）、全口义齿（替代全部缺失的上下颌牙齿）、种植牙（通过植入人工牙根支撑假牙，接近天然牙的功能）。

本节主要讲述活动假牙的佩戴、摘取、清洁和注意事项。

二　假牙的佩戴和摘取

（一）工作准备

（1）环境准备。环境整洁，温湿度适宜。关闭门窗，必要时用屏风遮挡。

（2）照护人员准备。着装整洁，洗净并温暖双手，戴口罩。
（3）长者准备。长者取坐位或卧位。
（4）物品准备。水杯 1 个、纱布数块、一次性手套。

（二）沟通

佩戴和摘取假牙时应事先和长者沟通，以取得配合。

（三）佩戴假牙

照护人员将假牙清洁消毒后，将其置于洁净容器内摆放于长者床头柜备用。佩戴时指导长者自然张口，照护人员佩戴一次性手套或使用无菌纱布托住假牙，将基托对准牙槽嵴使假牙缓慢就位。待基托完全贴合后，引导长者做数次咬合动作，确认假牙固位稳定无松动。

（四）摘取假牙

摘取假牙时，照护人员应嘱咐长者张口，用一手垫纱布托住假牙基托轻轻施力取下。具体操作时需注意：上颌假牙应轻轻向外下方牵拉，下颌假牙则需向外上方施力。若长者佩戴全口假牙，需先摘取上颌假牙，再摘取下颌假牙。清洁后的假牙应置于盛有清洁冷水的专用杯中保存。

（五）注意事项

（1）每日睡前指导长者取下假牙，使用软毛刷流水冲洗洁净，浸泡于专用清洁容器中，注入凉开水保持湿润状态。

（2）禁止将假牙置于高温热源（60℃以上）或含酒精的消毒液中，防止材料变形或老化。

（3）佩戴假牙期间应避免食用坚果、年糕等过硬或过黏食物，建议将食物切块后食用。

（4）摘戴假牙时应动作轻柔，不可用力拉扯。遇卡环嵌顿情况，可沿就位道反方向轻推卡环解除阻力。

（5）定期检查卡环密合度，发现基托裂开或卡环变形时，应立即停止使用并联系专业机构维修。

三 假牙的清洁

（一）工作准备

（1）环境准备。环境整洁，温湿度适宜；关闭门窗，必要时使用屏风遮挡。

（2）照护人员准备。着装整洁，洗净双手。

（3）物品准备。假牙、水杯、软毛牙刷、自来水设备、假牙清洗剂或假牙清洁片、纱布数块。

（二）刷洗假牙

照护人员在晚间或长者睡前协助其取下假牙，放置于水杯中，打开水龙头，左手垫纱布捏住假牙，右手用牙刷刷去假牙上的食物残渣并冲洗干净。

（三）浸泡假牙

照护人员刷洗水杯，取 5～10 毫升假牙清洗剂倒入杯中，加入温水浸没假牙。不使用假牙清洗剂时可直接在水杯中盛装清洁的冷水，将假牙浸泡其中。

（四）注意事项

（1）牙刷的刷毛不可太过坚硬，以免损伤假牙表面。

（2）假牙的各个面均应刷洗干净。

思考

1. 关于活动性假牙的护理，下列说法错误的是（　　）。

A. 先洗牙，然后进行口腔护理　　B. 取下假牙，用冷水刷洗

C. 暂不用时，浸于清水中保存　　D. 每日煮沸消毒一次

2. 清洗假牙的错误做法是（　　）。

A. 在流动水下刷洗干净

B. 不吃过硬过黏的食物

C. 假牙洗净后应浸泡在酒精或盐水中

D. 假牙清洗剂应用温水调配

结语

牙齿痛的人，会觉得世界上有一种人最快乐，那就是牙齿不痛的人。

——萧伯纳

第七章　穿脱照护

第一节　身体障碍与被动运动

一　障碍的理解

残障人士通常因严重损伤或其他因素导致身心功能存在严重障碍，其不仅面临个人生活自理能力的缺失，更难以有效进行工作、过上正常生活。在人生历程中，每个人都可能因交通事故、自然灾害、意外或突发疾病等因素，面临类似残障人士的生活境遇。正因如此，保障残障人士的权利本质上就是在维护我们每个人自身的权利。从这个意义上说，残障权利正是“我们的权利”。

二　障碍的分类

《中国残疾人实用评定标准》将各类残疾等级划分如下。

（1）视力残疾。分盲和低视力两类。盲包括一级盲和二级盲；低视力包括一级低视力和二级低视力。

（2）听力残疾。分一级听力残疾、二级听力残疾、三级听力残疾和四级听力残疾 4 个等级。

（3）言语残疾。分一级言语残疾、二级言语残疾、三级言语残疾和四级言语残疾 4 个等级。

（4）智力残疾。分一级智力残疾（重度）、二级智力残疾（重度）、三级智力残疾（中度）和四级智力残疾（轻度）4 个等级。

（5）肢体残疾。分一级（重度）肢体残疾、二级（中度）肢体残疾和三级（轻度）肢体残疾 3 个等级。

（6）精神残疾。分一级（重度）精神残疾、二级（中度）精神残疾和三级（轻度）精神残疾 3 个等级。

（7）多重残疾。两种以上的残疾即为多重残疾。

三 被动运动

（一）被动运动的相关知识

1. 被动运动的定义

被动运动是指完全依靠外力作用完成的肢体活动。其外力可以是器械装置、他人辅助或患者自身的健康肢体。在进行被动运动时，患者需保持肌肉放松，由外力固定近端关节并活动远端关节，根据治疗需求在病情允许的范围内，尽可能进行全幅度运动，同时注意避免施力过猛。该疗法适用于各类肢体运动功能障碍的康复治疗，具有放松痉挛肌肉、牵拉挛缩的肌腱与关节囊、改善韧带弹性等作用，能有效恢复并维持关节功能。

2. 被动运动的适应证

被动运动的适应症主要包括因力学因素引起的软组织挛缩、粘连、疼痛及肌痉挛；神经性疾病导致的关节活动范围减小或受限；以及无法主动活动的患者，如昏迷或长期卧床者。其禁忌证包括各种原因引起的关节不稳定、关节内未完全愈合的骨折、关节急性炎症或外伤引起的肿胀、骨关节结核和肿瘤等。

在进行被动运动时，长者应取舒适放松的体位，动作应缓慢进行，每个动作重复 10 ~ 30 次，并在无痛或轻微疼痛的范围内操作。从近端到远端的运动顺序有助于瘫痪肌肉的恢复，而从远端到近端的运动顺序则有利于促进肢体血液和淋巴的回流。

3. 体位

体位是指人体所保持的姿势或位置。在临床上，通常指根据治疗、照护及康复需求，患者采取并能维持的身体姿势和位置。康复照护中常用的体位包括良肢位、功能位、烧伤患者抗挛缩体位的摆放等。例如，采用健侧卧位可以有效缓解患侧肩关节的压力，减轻其受损程度，但也会在一定程度上限制患侧肢体的自由活动范围。

4. 被动运动的关节活动

被动运动关节活动动作包括屈、伸、外展、内收、外旋、内旋。

（1）肩关节（前屈—后伸、外展—内收）（如图 7.1 所示）。

（2）肘关节（伸展—屈曲、旋前—旋后）（如图 7.2 所示）。

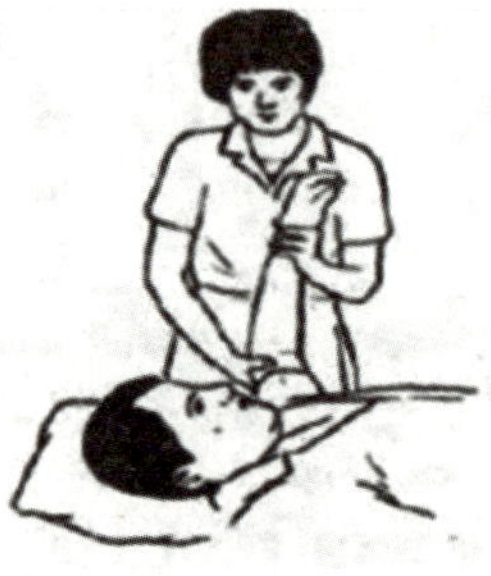

图 7.1

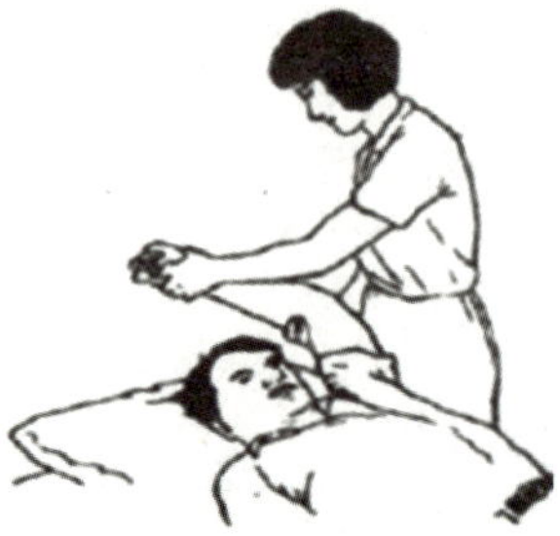

图 7.2

（3）腕关节（掌屈—背伸、尺偏—桡偏）（如图 7.3 所示）。

（4）指关节（屈曲—外展、过伸、近端指间关节屈曲、远端指间关节屈曲、拇指掌关节屈曲）。

（5）髋关节（屈曲—伸展、外展—内收、内旋—外旋）。

（6）膝关节（伸展—屈曲）（如图 7.4 所示）。

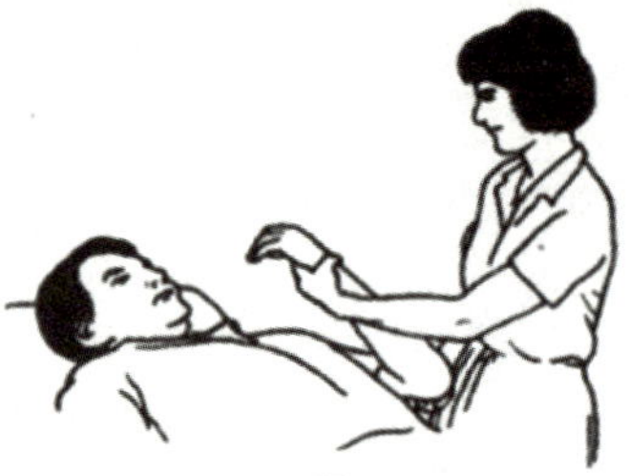

图 7.3

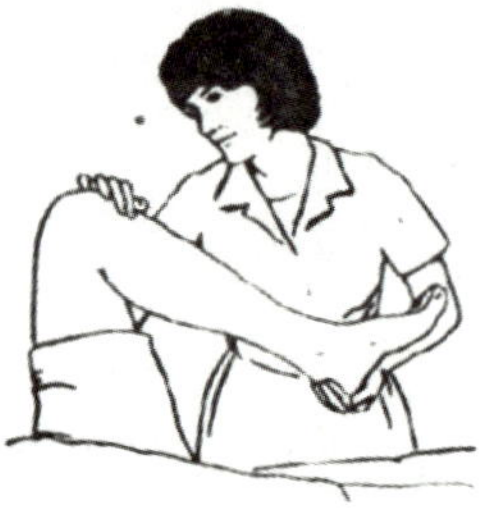

图 7.4

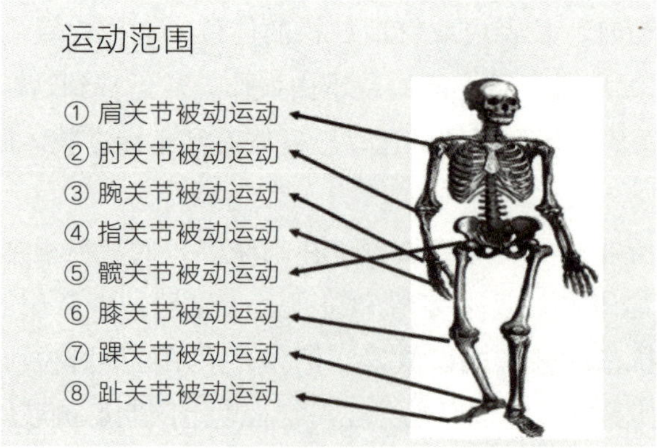

图 7.5

（7）踝关节（背屈—跖屈、内翻—外翻）。

（8）趾关节（屈曲—外展、内收、旋转）。

（二）被动运动时的注意事项

（1）熟练掌握关节结构、关节运动方向、关节运动平面及各个关节活动范围的参考值（如图 7.6 所示）。

（2）固定关节的近端，被动活动远端。

（3）运动时根据损伤程度缓慢进行。

（4）尽可能保持稳定的姿势，并将所有可以集中的运动都安排在同一姿势上。

（5）在进行被动运动时，应密切关注长者的心率、血氧饱和度及呼吸情况，如发现长者呼吸急促、心率加快或其他异常情况，应立即停止运动。

（6）用力适度，防止引起长者的疼痛和其他不适。

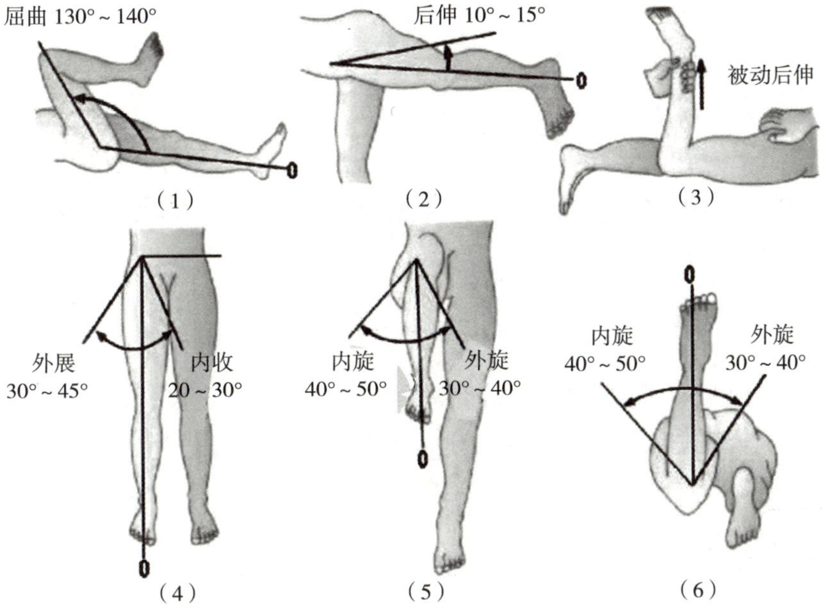

图 7.6

思考

1. 分小组讨论，回想在日常生活中看到长者因为年龄增长而变成障碍者的实例。他们在生活中有哪些不便？作为养老照护人员应该给他们提供哪些照护服务？

2. 两人一组，选择一个被动运动的动作，交换练习，并回答被动运动中的注意事项。

结语

无论命运有多坏，人总应有所作为，有生命就有希望。

——斯蒂芬·霍金

第二节　更换衣裤

为长者更衣是养老照护服务工作中的常规服务内容之一。照护人员应熟知为长者更衣的步骤和穿衣前后及过程中的注意事项，并将其熟练运用到养老照护实践中。为长者更衣分为为卧床长者更衣和为半自立长者更衣。本节主要讲解为半自立长者更衣的步骤。

一　衣服的种类与选择

在为长者更衣时，要尊重长者的喜好，选择符合长者身体状况的衣服。为长者选择衣物时除了考虑材质、舒适度、保暖性、方便穿脱、款式等，还需考虑心理舒适性及经济因素。

（一）内衣和睡衣

对长者来说，选择内衣和睡衣时需要考虑材质和舒适度，优先选择柔软、透气、吸汗和不刺激皮肤的柔软材质；内衣和睡衣的尺码要合适，不能过紧或过松，以免影响血液循环或穿着不舒适。

（二）外衣

应选择符合长者生活方式、穿起来舒适的衣服，且根据季节和长者的身体状况选择外衣的保暖程度；材质夏天选择透气性较好的，冬天选择保温性较好的。此外，考虑到长者可能行动不便，宜选择款式简单、容易穿脱的衣服。

二 更衣前的评估

（一）自理程度分级

在提供养老照护服务之前，进行全面的评估是不可或缺的步骤，尤其是针对长者衣物穿脱的能力，应根据其自理程度进行科学分级。在照护过程中，“自理支援”的理念应被置于核心地位，照护人员应通过恰当的照护方法，激发长者的自身能力。这种以“支援”为主导的照护模式，不仅体现了对长者的尊重，更是提升照护质量、促进长者身心健康的关键。

1. 自理程度高的长者

对于自理程度高的长者，照护人员应秉持“辅助而不替代”的原则，即使他们的动作稍显迟缓，也不要进行干预，应鼓励并协助他们独立完成衣物的穿脱。在此过程中，照护人员须保持耐心与同理心，以陪伴者的身份配合长者，以“看护陪伴”的姿态进行照护。

2. 部分需要照护的长者

对需要部分照护的长者，照护的重点在于识别并尊重他们的自主能力。对长者能够独立完成的部分，应以陪伴者的姿态守候；而对于长者难以完成的部分，则适时提供帮助。例如，协助其放低肩部以便自主脱袖，或协助其扣好下方纽扣等。此外，更衣照护时要注重保护长者的隐私，利用浴巾等物品巧妙遮挡，确保在私密与温暖的环境中完成照护。

3. 需要全面照护的长者

对于卧床不起、需全面照护的长者，应注重细节，选择前开式设计的衣物，以减轻长者的身体负担。与部分需要照护的长者相同，应注重保护长者的隐私，利用浴巾等物品巧妙遮挡，确保在私密与温暖的环境中，根据长者的身体状况进行更衣照护。

虽然是全面照护，但也应尊重长者的个人选择，在可能的情况下，让长者参与衣物的选择过程，并在其力所能及的范围内，鼓励并协助其自主完成部分穿脱动作，如抬手、转身等。

（二）评估前的信息收集

照护长者穿衣时，评估信息的收集也很重要。必要的观察重点见表 7.1。

表 7.1 评估信息收集

观察项目	观察的重点
身体方面	麻痹、挛缩、变形和肌肉萎缩等的有无及程度，关节可活动范围的限制，感觉功能障碍的有无及程度，皮肤的状态，疼痛的有无及程度，以及其他行动限制的有无及程度等
精神方面	障碍接受的程度，认知障碍的有无及程度，参加活动的欲望、习惯和兴趣，有无感兴趣的东西，有无心情低落等状况
ADL（日常生活动作）等	穿脱相关动作（上肢、下肢和手指的活动能力等）的完成度，姿势保持（坐姿和站姿等）的状态，在穿脱过程中的相关交流能力等
社会性交流	与家人交流的有无，与社区人员交流的有无，人际关系，社会性活动参与度等
环境方面	方便穿脱衣物的环境（衣橱的位置，站姿和坐姿的方便程度，室内的温度和亮度等），居住地和周边的环境（从居住地外出是否方便，是否容易与社会有接触）等
	如果是居家养老的长者，是否有人专门照顾长者，专门照顾的人员对养老照护知识和技术的掌握程度如何等
	是否有公共的或者私人的服务等

三 外衣穿脱的步骤及注意事项

（一）准备工作

养老照护人员要着装整洁，用“七步洗手法”清洗双手并消毒；准备必要的物品，如更换的衣服（长者平日常穿的符合季节性的衣服）、装脏衣服的篮子、遮挡隐私部位的浴巾等；提前确认长者需要照护的等级（生活自理、半自理、全照顾等）及评估等级；询问长者是否需要如厕，并确认长者当日身体及精神状况。如有不适需要向医生或者护士汇报，如果需要在床上静养则等长者适当休息后再更衣。

（二）上衣的穿脱方法

独居长者王大妈因左侧肢体麻痹，日常生活存在一定不便，但坐姿稳定且具备站立能力。王大妈希望尽可能独立完成更衣活动。

1. 穿前开式上衣

（1）照护人员首先与长者确认其想要更换的上衣。将上衣正面朝上平铺，衣领位置置于长者膝盖处。为了保护长者患侧，照护人员站在长者左侧（患侧）进行看护。在换衣过程中适时询问长者感受，给予鼓励和支持（如图 7.7 所示）。

（2）长者用健侧的手帮助患侧上肢穿过袖子。穿衣服时，从关节可动区域窄的患侧开始穿（如图 7.8 所示）。

图 7.7

图 7.8

（3）长者用健侧的手将衣服穿至患侧的肩膀（如图 7.9 所示）。

（4）长者将衣服拉到健侧，穿上健侧上肢的袖子（如图 7.10 所示）。

图 7.9

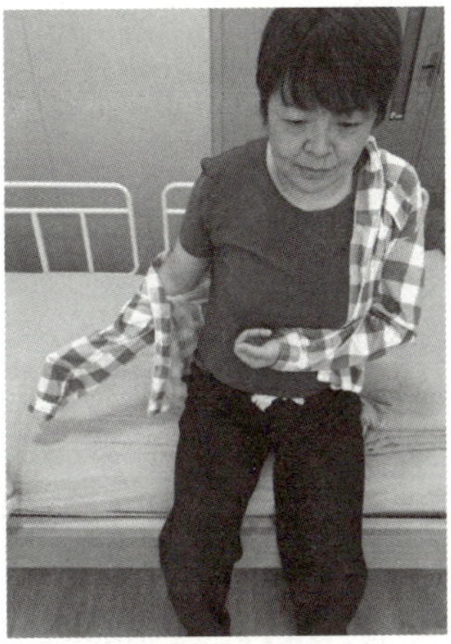

图 7.10

（5）长者用健侧的手系上扣子后，整理领口、两肩和下摆等。图 7.11 为长者穿好衣服的整体效果。

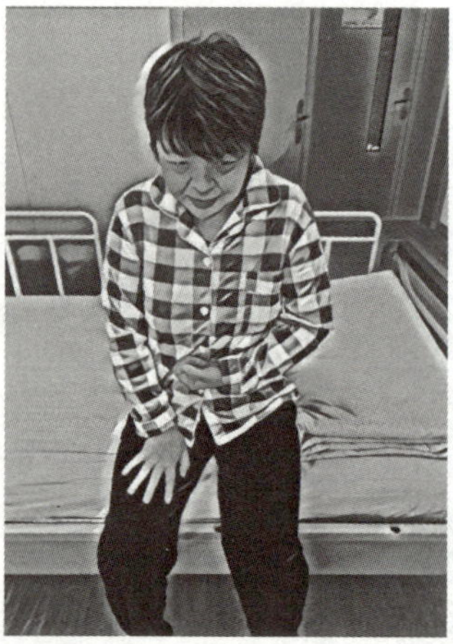

图 7.11

2. 脱前开式上衣

（1）照护人员首先与长者确认其想要更换的上衣。为了保护患侧，照护人员站在长者的左侧（患侧）进行看护。在换衣过程中适时询问长者感受，给予鼓励和支持。

（2）长者用健侧的手，解开扣子（如图 7.12 所示）。

（3）为了方便脱患侧的袖子，长者用健侧的手抓紧患侧领边，脱掉患侧肩上的衣服（如图 7.13 所示）。

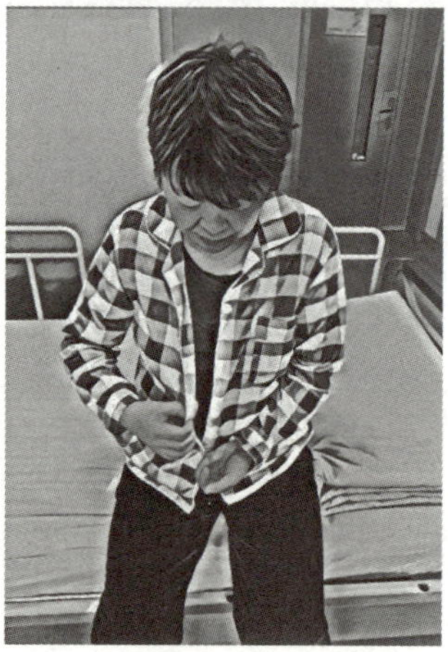

图 7.12

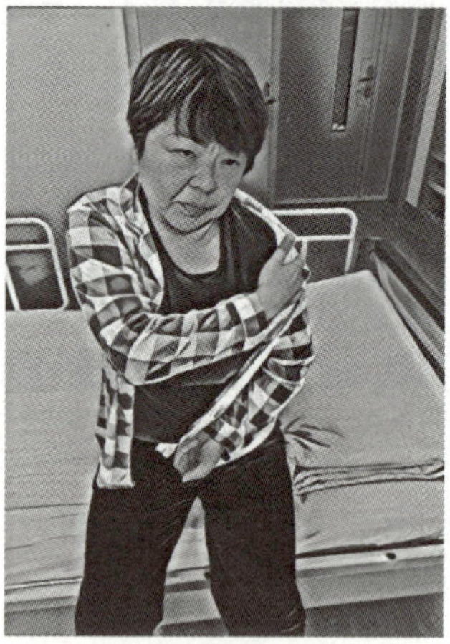

图 7.13

（4）长者脱衣服的时候，从关节可动区域宽的健侧开始脱（如图 7.14 所示）。

（5）长者使用健侧的手，脱掉患侧上肢的袖子（如图 7.15 所示）。

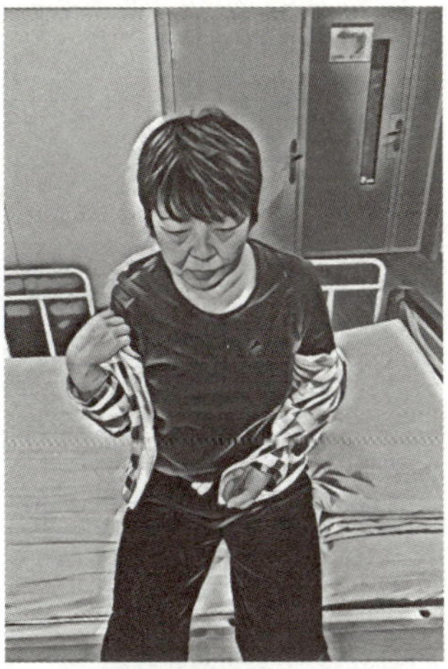
图 7.14

图 7.15

3. 穿套头式上衣

（1）照护人员首先与长者确认其想要更换的上衣。为了保护患侧，照护人员站在长者的左侧（患侧）进行看护。在换衣过程中适时询问长者感受，给予鼓励和支持。将衣服的后面朝上，衣领置于长者膝盖上（如图 7.16 所示）。

（2）长者使用健侧的手，让患侧上肢穿过衣服袖子。为了使头更容易穿过，将患侧上肢的袖子卷到手肘上面（如图 7.17 所示）。

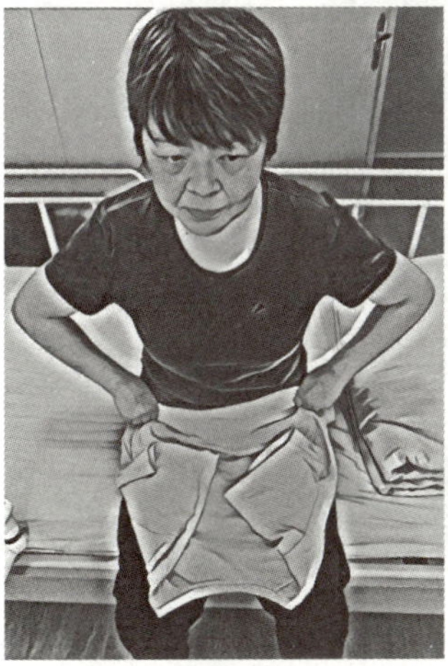
图 7.16

图 7.17

（3）长者用健侧的手，抓紧后领口和下摆，使头部穿过（如图 7.18 所示）。

（4）穿过健侧上肢的袖子。根据长者的状态，有时把（3）和（4）的顺序颠倒进行，更容易穿上（如图 7.19 所示）。

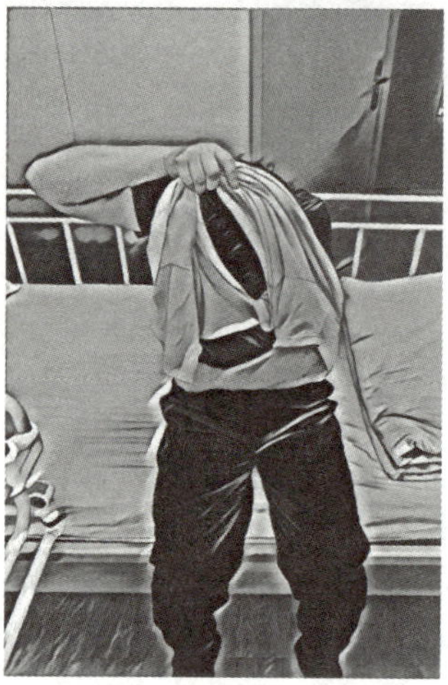

图 7.18

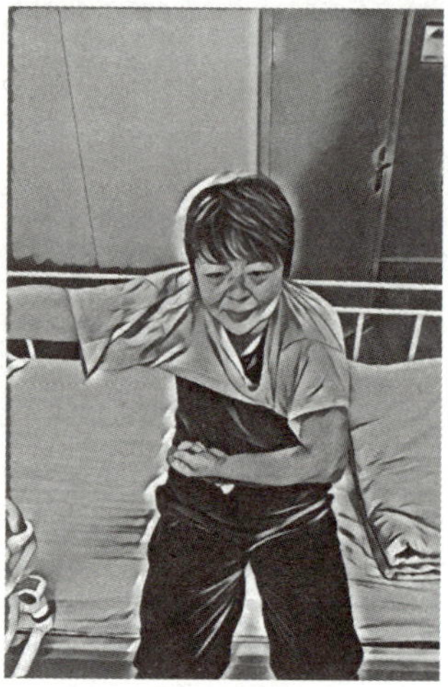

图 7.19

（5）拉下衣服的前面与后面，整理两肩和下摆等（如图 7.20 所示）。

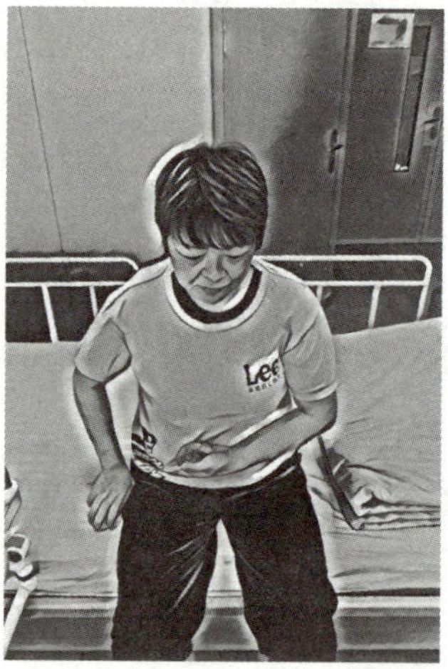

图 7.20

4. 脱套头式上衣

（1）照护人员首先与长者确认其想要更换的上衣。为了保护患侧，照护人员站在长者的左侧（患侧）进行看护。在换衣过程中适时询问长者感受，给予鼓励和支持。

（2）长者尽可能把衣服的前面与后面都卷起来，方便从头部脱掉。在头部不方便脱的情况下，将患侧上肢的袖子也卷起来便可（如图 7.21 所示）。

（3）头部前屈，长者用健侧的手抓紧后领和后衣摆，从头部脱掉（如图 7.22 所示）。

图 7.21

图 7.22

（4）长者将健侧上肢的袖子从手肘处开始抽出。不方便脱的时候，利用大腿部或者身体其他部位摩擦或者甩手等动作脱衣（如图 7.23 所示）。不过，根据长者的状态，有时把（3）和（4）的顺序颠倒进行，更容易脱掉。

（5）长者使用健侧的手脱掉患侧的袖子（如图 7.24 所示）。

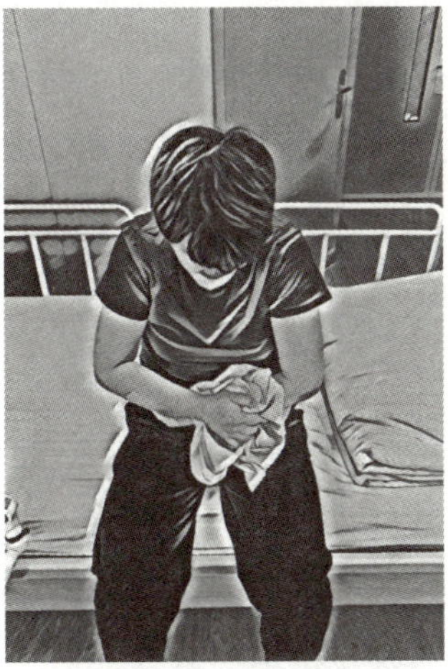

图 7.23

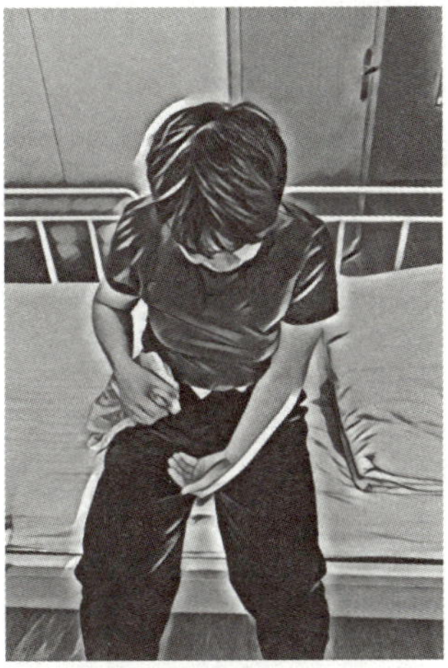

图 7.24

（三）穿裤子

（1）照护人员首先与长者确认其想要更换的裤子。为了保护患侧，照护人员站在长者的左侧（患侧）进行看护。在换衣过程中适时询问长者感受，给予鼓励和支持。长者用健侧的手，从患侧下肢开始穿过裤子并将其提到膝盖上面（如图 7.25、图 7.26 所示）。

（2）健侧下肢穿过裤腿。套裤子时与上衣相同，从关节可动区域较窄的患侧开始穿。

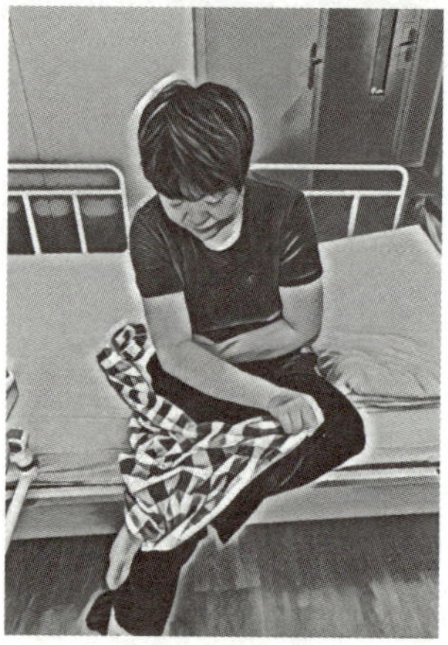

图 7.25

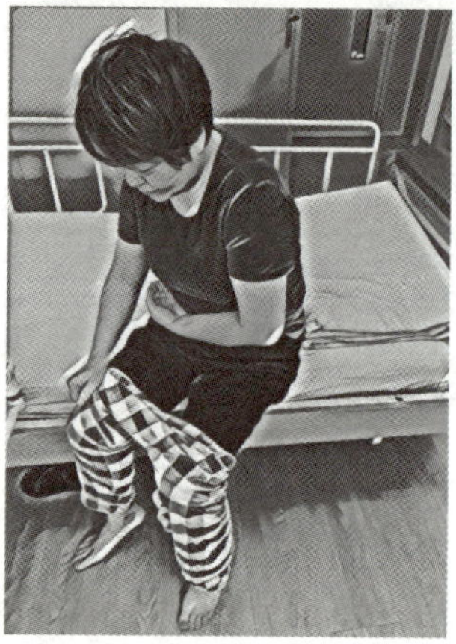

图 7.26

（3）长者用健侧的手尽可能将裤子往上提，站立时不用前屈也能轻松将裤子套上（如图 7.27 所示）。

（4）长者抓住床扶手站立，将重心放到健侧下肢，用健侧的手将裤子往上提。长者站姿不稳的时候，可倚靠在床扶手等结实的东西上面（如图 7.28 所示）。

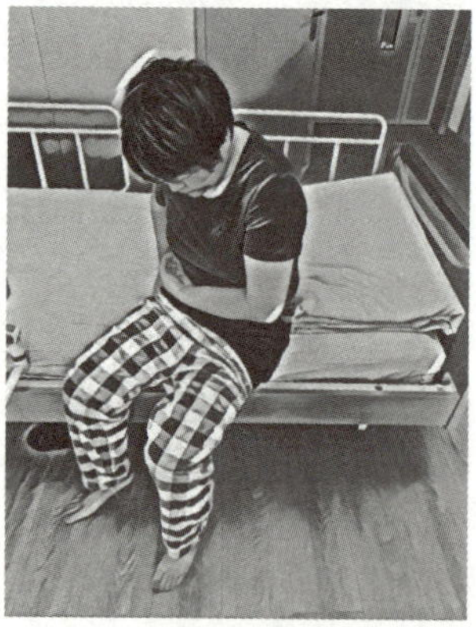

图 7.27

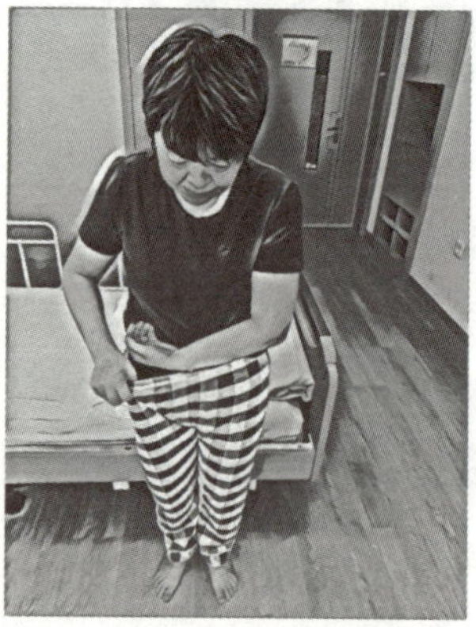

图 7.28

（四）脱裤子

（1）照护人员与长者确认其想要更换的裤子。为了保护患侧，照护人员站在长者左侧（患侧）进行看护，适时向其询问并提供帮助。长者用健侧的手，尽可能从健侧开始脱裤子。用健侧承重，患侧臀部腾空坐着脱。在坐着脱比较困难的情况下，以站立位脱裤子。在脱裤子时，和上衣相同，从关节可动区域较宽的健侧开始脱（如图 7.29 所示）。

（2）长者使用健侧的手，将患侧下肢搭在健侧下肢上，用健侧的手脱患侧的裤子，通过交叉患侧的腿，即使不用深度前屈也能用健侧的手轻松脱下裤子（如图 7.30 所示）。

图 7.29

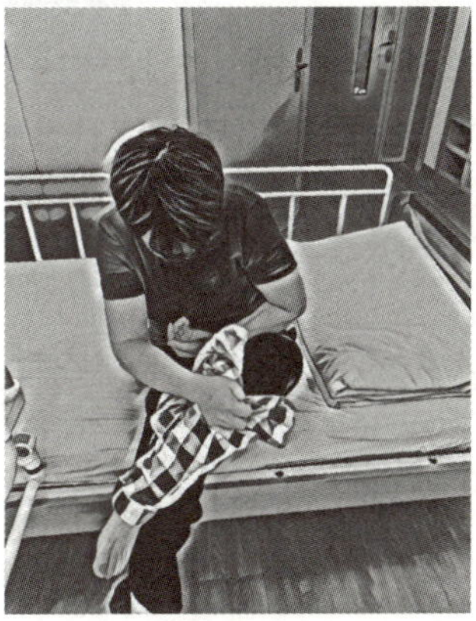
图 7.30

（五）注意事项

在具体操作过程中，还需要注意以下内容。

（1）在长者单侧麻痹的情况下，应遵循“脱健穿患”的基本原则，即从健侧上下肢开始脱，从患侧上下肢开始穿。进行穿脱时，应尽量减少因麻痹、挛缩或疼痛而导致关节活动受限的一侧活动。“脱健穿患”可能会导致肌肤暴露，因此要注意使用浴巾等物品保护长者的隐私。穿脱裤子时也应遵循同样的原则。

（2）在长者脱上衣（特别是套头式上衣）时，如果长者的自立程度较高或衣服较为宽松，有时从患侧开始脱也会比较轻松。对于没有麻痹或挛缩的长者，更换衣物时可以从脱掉的一侧边穿边脱，这样能最大限度地减少更换衣物过程中的身体暴露，既做到了保暖，也保护了长者的隐私。总之，应留心观察长者的状态，尽量满足长者的意愿。

（3）在长者无法依靠自身力量站立的状态下，照护人员应帮助长者抓住床扶手站立，并让其自己进行裤子的穿脱（如图 7.31 所示）。

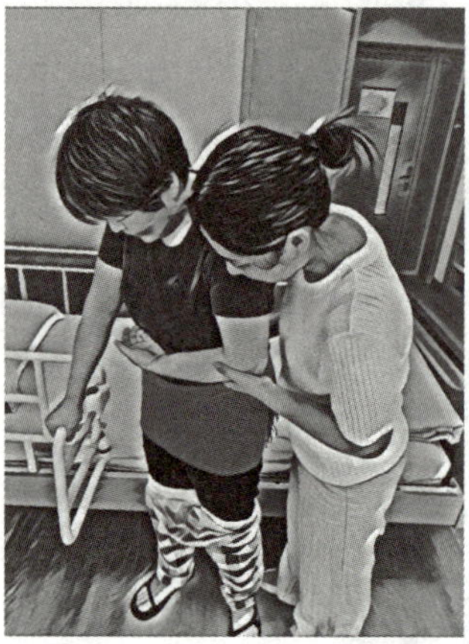

图 7.31

思考

两人一组，交换角色扮演养老照护人员和偏瘫长者，体验穿脱衣裤，每次体验后都要分享自己在穿脱衣裤过程中的感受。

结语

晓云舒瑞，寒影初回长日至。罗袜新成，更有何人继后尘。

——阮阅

第三节　为卧床的长者更换衣裤

一　更衣前的准备

照护人员应着装整齐，严格按照“七步洗手法”对双手进行清洗消毒；准备更换的衣服（长者平日穿的当季衣服）、装脏衣服的篮子、遮挡隐私部位的浴巾等必要的物品；提前确认长者的自理程度（生活自理、半自理、全照顾等）以及相应的评估等级（具体参照为长者更衣中的评估注意事项）；更换衣物前先要询问长者是否需要如厕，并确认长者当日身体及精神状况。如长者身体不适或者情绪不好，则需要向医生或者当值护士汇报，等到长者认为自己可以穿脱衣物时，照护人员才能为其更衣。

有单侧麻痹的长者李大妈，几乎卧床不起，无法依靠自身的力量起身和保持坐姿。养老照护人员为其穿脱前开式上衣和裤子。

二 更换上衣步骤

（1）照护人员向长者说明协助内容，取得其同意后，先将要更换的衣服叠好放于长者患侧。将床调整到方便协助的高度。

（2）如果长者无法解开扣子，则由照护人员帮忙解开；为了方便脱下长者健侧的袖子，可稍微打开患侧上衣的肩口（如图 7.32 所示）。

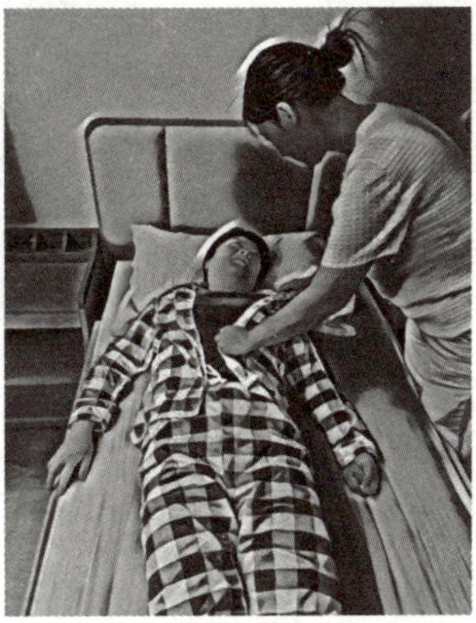

图 7.32

（3）为了避免皮肤的落屑等污渍扩散到周围，将脱下的衣服向内侧卷起，放到长者身体的下方（如图 7.33 所示）。

（4）为方便长者的健侧在下，照护人员协助长者从仰卧位变为侧卧位（如图 7.34 所示）。

（5）照护人员取出放在长者身下的衣服，脱掉背部的衣服。然后将要更换衣服的前开部分先套上去，这样能减少肌肤外露（如图 7.35 所示）。

（6）脱下患侧的袖子。为了避免衣服上的污渍扩散到周围，将衣服向内侧卷起，放入更衣篮（如图 7.36 所示）。

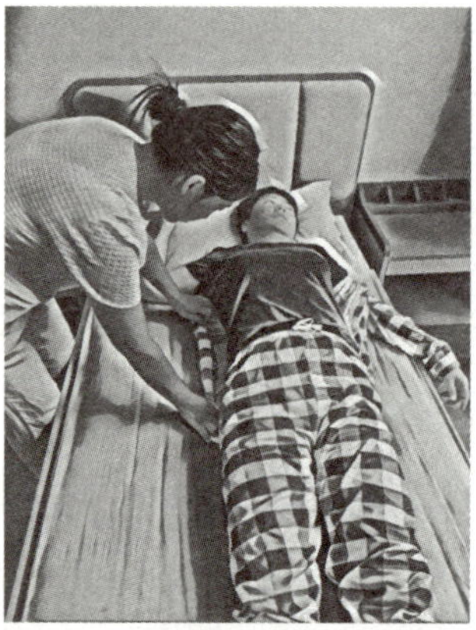
图 7.33

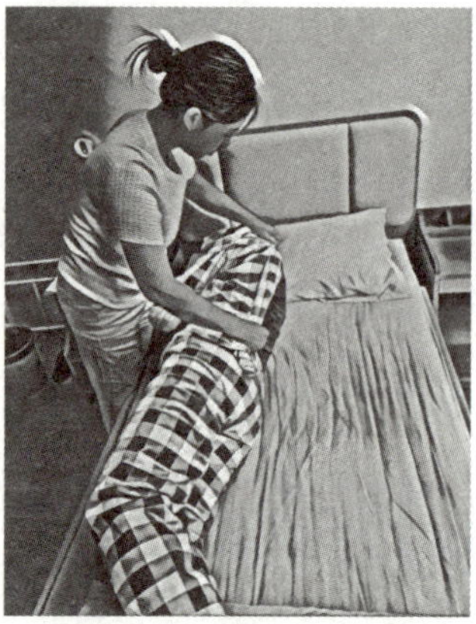
图 7.34

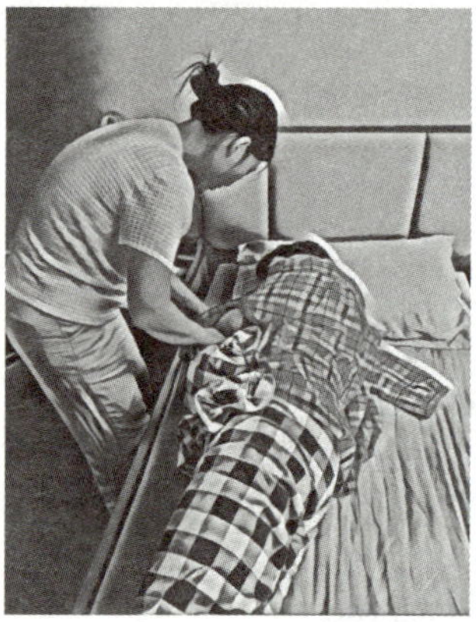
图 7.35

图 7.36

（7）照护人员为长者穿上更换的上衣，协助长者将体位变为仰卧位（如图 7.37 所示）。

（8）如果长者无法系上纽扣，则由照护人员协助系好，然后整理好衣服（如图 7.38 所示）。

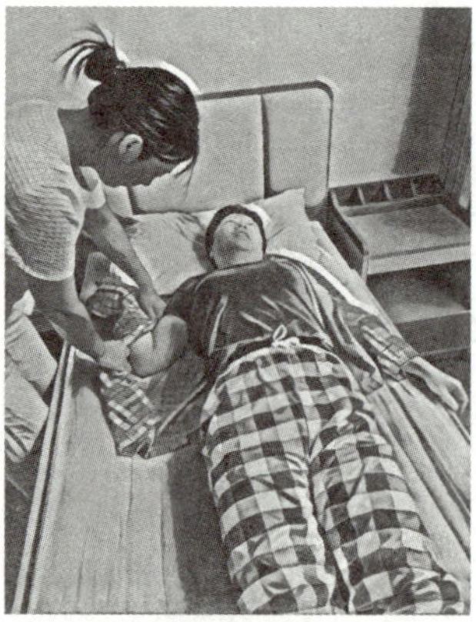
图 7.37

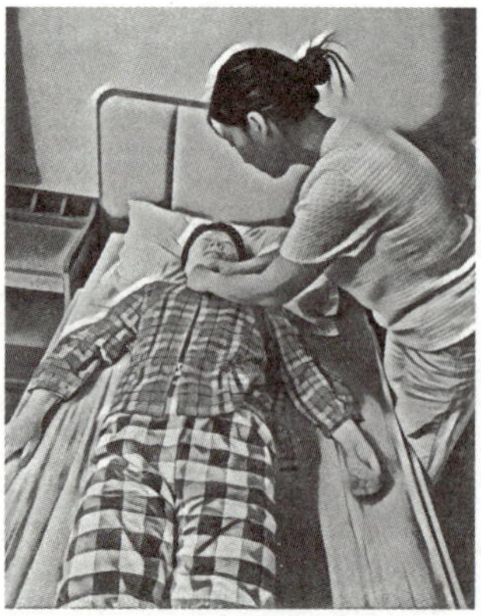
图 7.38

三 更换裤子步骤

（1）照护人员从健侧下肢开始协助长者脱裤子。在长者身体状况允许的情况下，让长者弯曲健侧的腿，用力踩住床并抬起腰部（如 4.39 所示）。

（2）保护长者患侧下肢，并帮助其脱下裤子（如图 7.40 所示）。

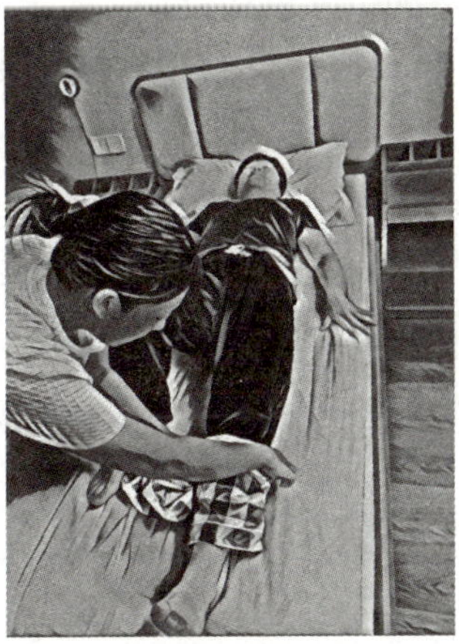

图 7.39

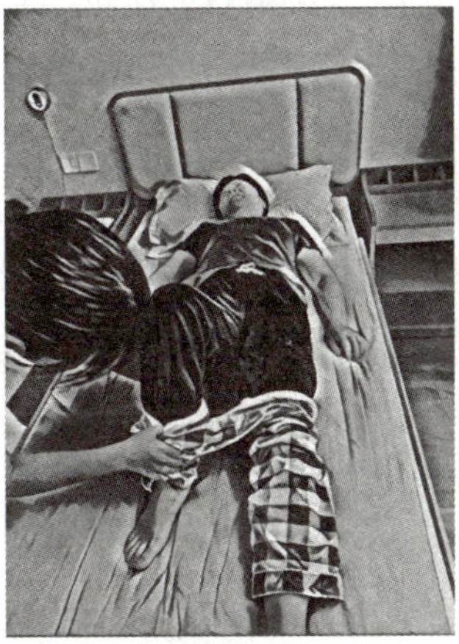

图 7.40

（3）与步骤（1）相同，照护人员获得长者的许可后，以患侧下肢、健侧下肢的顺序，帮助长者穿上要更换的干净裤子（如图 7.41 所示）。

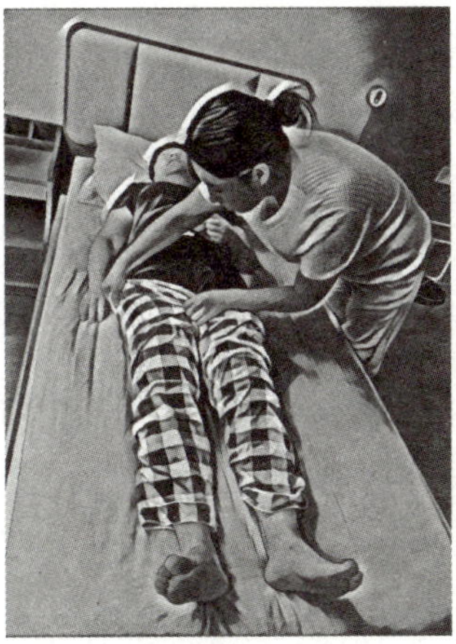

图 7.41

（4）在为长者更换裤子时，应尽量鼓励长者自己完成力所能及的部分，将裤子提至腰部。若长者无法抬起腰部，可将其健侧置于下方，转为侧卧位后再协助其提起裤子。

（5）更换完毕后，须整理衣物，确认长者的穿衣舒适度和身体状况。照护结束后，应将床恢复至原来的高度。

四 注意事项

（1）衣服褶皱易导致褥疮，在长者卧床不起时，需注意抚平衣服的褶皱。特别是脊背和身体下半部的衣服褶皱不易察觉，需格外留意。

（2）注意室内温度，尤其是冬季室温是否过冷、夏季冷气是否过强。此外，协助穿脱衣服时会接触长者身体，若养老照护员手部冰凉，特别是在冬季，会给长者带来不适。因此，养老照护人员需注意保持手部的温暖。

（3）由于风湿性关节炎或其他障碍，长者的手指，特别是指尖，难以完成细微动作，如系扣子。对此，建议为长者选择配有大纽扣或按扣的衣服。

（4）若长者关节活动不灵活，应尽量选择宽松或有弹性的上衣、宽松袖子等。这样穿脱时更为轻松，无须弯曲关节。

（5）长者肌肉能力普遍较弱，因此最好让他们坐在椅子或床上穿脱衣物。利用床挡可以有效保持身体的稳定，降低站立不稳的风险。

五 特殊人群的照护

（一）认知障碍症长者

即便是有认知障碍的长者，照护时也应尽量让其依靠自身力量完成力所能及的事。以下是照护人员协助的重点。

（1）选择容易穿脱的衣服。优先选择设计简单、穿脱方便的衣物，降低长者的穿衣难度。

（2）当长者不清楚穿着方法时，照护人员应按穿着顺序递上衣物。若长者无法顺利穿着，照护人员再进行适当协助。在此过程中，应通过询问和关心，鼓励并督促长者完成穿衣。

（3）向长者说明穿衣步骤时，语言应简洁明了。例如，避免说“请穿过上衣的袖子，然后系上纽扣”，而是分步骤指导：“请穿过右边袖子”“请穿过左边袖子”“请系上纽扣”。

（4）当长者需要穿多件衣物时，可能会穿错顺序。此时，照护人员应及时提供协助，确保衣物穿着顺序正确。

（5）为长者选择鞋子时，应避免容易脱落或高跟的款式，以确保安全性和舒适性。

（二）视觉障碍的长者

人从外界获取的信息中，超过 80% 是通过视觉获得的。当长者无法通过视觉获取信息时，并不意味着照护人员需要为其完成所有事情。与其他功能障碍的情况类似，养老照护员应最大限度地激发长者的其他能力，遵循“自理支援”的理念。对无法通过视觉获取的信息，可以通过细致的情况说明或触碰确认来帮助长者获取信息，并充分利用其他感觉功能进行支援。

（1）衣服的管理。收纳衣服时，应按种类确定收纳场所。为了确保衣服存放整齐，建议将衣服卷起来后再收纳。小物件（如内衣和袜子等）可以在抽屉中细分存放，或使用小抽屉分别收纳。白色衣物应与彩色衣物区分开来，为了方便长者识别衣物存放位置，可以设置盲文或触摸后能识别的记号。成对和成套的物品（如套装和袜子等）应事先搭配好。变更衣物收纳场所时，必须经长者确认后进行。

（2）衣服的选择。向长者说明衣服的颜色与花纹，并让其触摸确认衣服的材质和款式。必要时，照护人员应协助长者选择适合外出的衣服。

（3）其他。衣服上有污点或开线时，应及时告知长者。对于圆领等不易辨别前后和表里的衣服，可以设置触摸标记。考虑到美观，标记应设置在不显眼的地方。

（三）协助穿脱衣物的用具

穿脱衣物涉及站立、坐下、活动关节以及使用手部等复杂的动作。对于身体有障碍的人来说，这些平日里可以轻松完成的动作会变得非常困难，导致穿脱衣物变得极为困难。因此，在道具、用具和衣物设计上多花些心思显得尤为重要，以便尽量使长者的动作能够顺利进行。

以下是几种协助穿脱衣物的用具（如图 7.42 所示）。

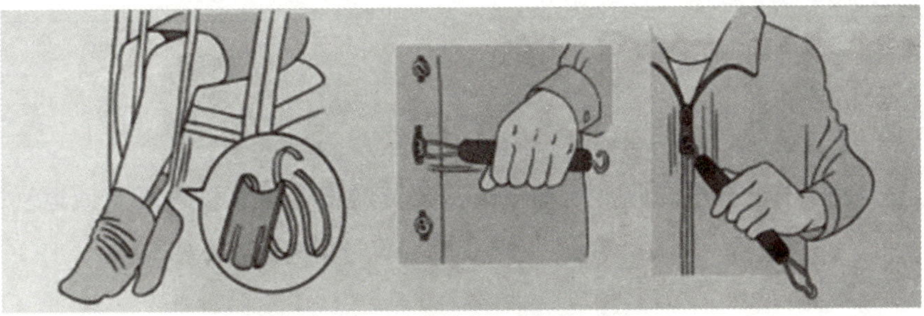

图 7.42　协助穿脱衣物的用具

（1）穿袜辅助器。适用于手无法够到脚尖的情况，帮助长者轻松穿上袜子。

（2）系扣辅助器与拉链辅助器。适用于手指细微动作困难的情况，帮助使用者轻松系扣和拉上拉链。

目前市场上有关穿脱衣物的辅助用具种类繁多，照护员可以多了解相关信息，将适合长者的辅助用具推荐给他们。

思考

两人一组，交换角色扮演养老照护人员和偏瘫长者，体验穿脱衣裤，每次体验后都要分享自己在换衣裤过程中的感受。

结语

老吾老，以及人之老；幼吾幼，以及人之幼；天下可运于掌。

——孟子

第四节　矫形器的穿戴

一　矫形器的概念

矫形器是指装配于人体四肢、躯干等部位的体外器具，其目的是预防或矫正四肢、躯干的畸形或治疗骨关节及神经肌肉疾病并弥补其功能。

二　矫形器的基本功能

（一）稳定与支持

通过限制肢体或躯干的异常运动来保持关节的稳定性，恢复承重或运动能力。

（二）固定与矫正

对已出现畸形的肢体或躯干，通过固定病变部位来矫正畸形或防止畸形加重。

（三）保护与免负荷

通过固定病变的肢体或关节，限制其异常活动，保持肢体、关节的正常对线关系，对下肢承重关节可以减轻或免除长轴承重。

（四）代偿与助动

通过某些装置，如橡皮筋、弹簧等来提供动力或储能，代偿已经失去的肌肉功能，或对肌力较弱部分给予一定的助力来辅助肢体活动，或使瘫痪的肢体保持运动功能。

三 矫形器的基本分类

根据安装部位，矫形器可以分为上肢矫形器、下肢矫形器和脊柱矫形器三大类（如图 7.43 所示）。下面是常见矫形器的中英文对照，照护人员在工作中要熟练掌握。

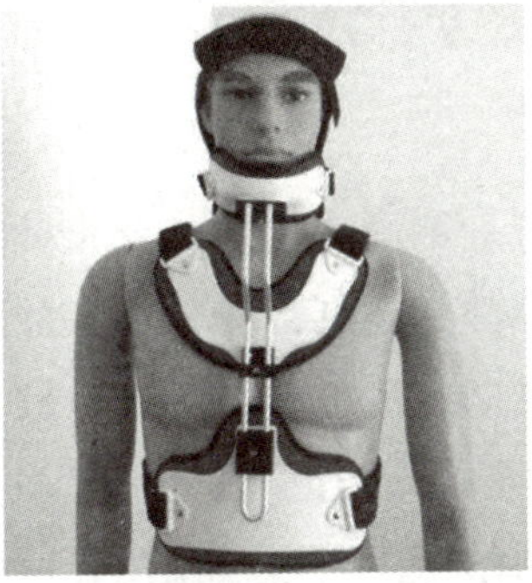
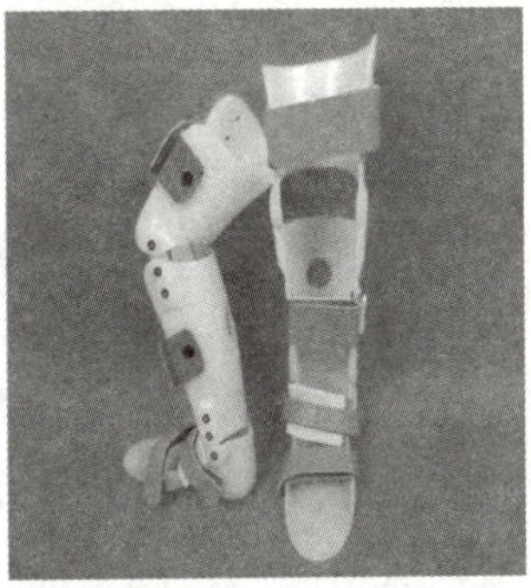

图 7.43

（一）上肢矫形器

肩、肘、腕、手矫形器—Shoulder Elbow Wrist Hand Orthosis（SEWHO）。
肘、腕、手矫形器—Elbow Wrist Hand Orthosis（EWHO）。
腕、手矫形器—Wrist Hand Orthosis（WHO）。
手矫形器—Hand Orthosis（HO）。

（二）下肢矫形器

髋、膝、踝、足矫形器—Hip Knee Ankle Foot Orthosis（HKAFO）。

膝矫形器—Knee Orthosis（KO）。
膝、踝、足矫形器—Knee Ankle Foot Orthosis（KAFO）。
踝、足矫形器—Ankle Foot Orthosis（AFO）。
足矫形器—Foot Orthosis（FO）。

（三）脊柱矫形器

颈矫形器—Cervical Orthosis（CO）。
胸、腰、骶矫形器—Thorax Lumbus Sacrum Orthosis（TLSO）。
腰、骶矫形器—Lumbus Sacrum Orthosis（LSO）。

四 矫形器的穿戴要求

矫形器通常用于长者在术后等情况，需在医生或护士的指导下，长者及家属掌握正确的穿脱方法。操作时应严格按照穿戴要求进行，确保安全、便利且不损坏矫形器。在日常照护中，照护人员应熟悉相关注意事项，若发现穿戴不规范等情况，须及时纠正，避免因不当使用矫形器而对长者身体造成损害。

（一）穿戴时间

矫形器的穿戴时间应根据具体治疗需求进行。不同病情的长者穿戴时长存在差异：部分长者需持续穿戴，部分仅需在训练时穿戴，还有部分长者穿戴周期为数周至数月不等。例如，脑卒中偏瘫患者，在疾病早期使用上肢吊带可有效预防和治疗肩关节半脱位。然而，当患者进入 Brunstrom 分期Ⅴ级（痉挛期）后，由于此时已不易发生拉伤或肩关节半脱位的情况，应停止使用吊带。若继续使用，反而可能会增加肩关节内收、内旋畸形的发生风险。

（二）矩形器的稳固

为了确保矫形器能够有效地固定在长者的身体上，达到治疗的目的，其附属的配件，如螺丝、弹簧和弹力皮筋必须牢固可靠，否则可能会对长者的身体造成损害。

（三）定期检查

矫形器的使用可能会影响肢体的血液循环，因此，照护人员应定期检查长者的肢体是否肿胀，以及皮肤的颜色是否正常，尤其是在装矫形器的前两天，照护人员需要特别留意。在炎热的夏季，应防止皮肤感染，如果发现异常情况，须立即调整固定带或松开矫形器。

（四）定期复查

定期评估长者穿戴矫形器的状况，并根据实际情况制订下一步治疗方案，必要时更换矫形器以达到最佳效果。

五 矫形器可能造成的不良作用及防治

（一）引发废用性肌萎缩与肌无力

由于制动限制了机体肌肉的活动，有可能会引发肌力、耐力与肌容积下降的问题。预防因矫形器制动引发的废用性肌萎缩与肌无力可采用以下措施。

◇ 在佩戴矫形器时进行肌肉训练，即肌肉主动进行收缩与放松，不会引起关节角度改变。

◇ 在保持关节及肢体稳定的基础上，进行肌肉牵伸训练，每日1～2组，每组牵伸肌肉5～10次。

◇ 在矫形器的保护下，采用双相脉冲电流刺激肌肉运动，每次持续30～40分钟。

（二）关节固定导致挛缩

当关节长时间处于固定姿势时，肌肉纤维及软组织中的胶原纤维会逐渐缩短，进而导致关节主动和被动的活动范围受限。挛缩的发生速度受多种因素影响，包括肢体位置、制动时间、关节活动范围以及原发病情等。

为预防关节挛缩，在佩戴矫形器期间，长者应在治疗师的指导下，每日进行2～3次被动运动，以确保关节达到最大活动度。此外，除非骨折移位严重需要固定邻近关节，否则在治疗过程中应尽量避免限制邻近关节的活动，以防止正常关节因长期制动而发生挛缩。

通过上述措施，可以有效降低关节挛缩的风险。

（三）制动诱发骨质疏松

完全停止活动可能会导致全身性或局部性骨质疏松，这种情况常见于骨折、瘫痪、脊髓灰质炎患者以及患有脑血管疾病的老年人。因此，预防和治疗骨质疏松症比单纯控制更为重要，可采取以下措施。

◇ 对于非骨折患者，应尽量减少长时间使用矫形器，并定期取下矫形器，或在矫形器保护下进行肢体自主活动。

◇ 主动和被动锻炼可以促进骨骼健康，增强骨承受力，提高骨密度，并增加骨矿物质的含量。

◇ 建议使用双下肢矫形器的长者尽早进行有益锻炼，如在斜床上活动、站立行走训练等。

◇ 采用物理治疗技术，如经皮神经电刺激、干扰电疗法和多种温度调节疗法，可有效减少骨量流失。

（四）导致肌痉挛加重

痉挛是一种运动性功能障碍，是上运动神经元损伤的基本表现之一，其病理机制表现为牵张反射兴奋性增高，导致速度依赖性的张力性牵张反射亢进，并伴有腱反射亢进。

目前，对穿戴矫形器是否会降低长者过高的肌张力存在两种截然不同的观点。一种观点认为穿戴矫形器不仅无法降低肌张力，甚至会刺激肌张力越来越高；另一种观点则认为通过持续牵伸能够反射性抑制过高的肌张力。这两种观点都有一定的道理，区别在于穿戴矫形器的时间与方式。如果在短时间内频繁地穿脱矫形器，或者穿脱动作粗暴均会刺激肌张力的增高。但是，如果在穿戴矫形器前，采用轻柔缓慢的牵伸手法使长者高张力的肌肉放松，然后再穿戴矫形器并持续牵伸 2 小时以上，将有利于肌张力过高肌肉的松弛。

（五）预防褥疮的措施

褥疮会在身体软组织任何部位出现。引发褥疮的因素很多，其中最关键的是压力作用。其主要影响因素涵盖 3 个方面，分别是压力强度、压力持续时间及组织对压力的耐受性。

矫形器对机体长时间、持续性的机械压力作用可能会造成褥疮。预防褥疮的措施如下。

◇ 定期松解矫形器以减轻对皮肤表面的压力；减少压力持续时间。

◇ 矫形师和护士应定期检查受压区域，特别是对直接施加压力的部位，如果出现血液循环障碍或皮肤变白的早期损伤，应立即调整或更换矫形器，以缓解或消除压力。

◇ 为了减少矫形器对背部和关节的压迫和摩擦、确保安装位置正确，在进行治疗时应采取措施，例如在皮肤和矫形器之间放置软垫，以减轻其施加的压力。

（六）心理依赖性

矫形器使用中的一个重要原则是将其作为临时工具，当长者功能恢复或症状减轻后，应及早停止使用矫形器。但是，有的长者在使用矫形器并取得疗效后，会对其产生依赖，即使在功能恢复或症状改善的情况下，仍然希望得到矫形器的支撑与保护，这种情况不利于长者机体组织功能的恢复与发挥。

长者在接受矫形器治疗一段时间后，应及时对其身体状况进行评估，并根据长者的康复情况决定是否继续使用矫形器治疗。对于那些不再需要接受矫形器治疗但有依赖心理的长者，矫形师应该耐心地向他们解释，并通过实验性训练帮助他们克服担忧。

六 矫形器的维护与保养

对大部分长者来说，使用矫形器是一个漫长的过程。做好矫形器的维护与保养是保证治疗、充分发挥矫形器作用、延长矫形器使用寿命的重要措施。长者在治疗的过程中，应按要求正确穿戴矫形器；保持矫形器干燥、清洁，防螨防锈；定期在金属关节部位涂抹润专用润滑油；暂不使用时，将矫形器放在安全的地方，防止重物的挤压；避免矫形器接触到锐器；不要把矫形器尤其是低温热塑材料做成的矫形器放在高温下烘烤；不要用高浓度洗涤剂清洗矫形器，更不能接触化学物品；若发现松动、破损等问题应及时送交维修部门处理。

思考

分小组讨论，在生活中常见的矫形器有哪些？使用矫形器时需要注意哪些问题？

结语

尊严虽然不是一种美德，却是许多美德之母。

——柯林斯托姆

第八章　饮食照护

第一节　协助长者进食、饮水

一　进食要点

长者每日三餐的时间安排需科学合理，进食时应保持适当速度，食物温度宜适中，膳食结构宜适当增加粗粮比例并控制精细加工食品，注重优质蛋白摄入、减少脂肪含量，确保新鲜果蔬等富含维生素食物的供给。需注意控制热量并保证饮食合理，做到荤素、粗细、干稀搭配均衡，同时注重饮食卫生。建议每日总热量控制在3000千卡左右，保持蛋白质、脂肪、碳水化合物三大营养素的适宜比例。

在膳食组成方面，应遵循减少单糖与双糖类食物的摄入原则，合理调整主食结构，限制面包、糕点、饼干、罐头等精加工食品的食用量。照护人员需重点关注长者的进餐时间、频次、摄入量、速度及食物温度等指标，对咀嚼吞咽功能、营养吸收状况进行持续监测与记录，必要时提供适宜的进食辅助。

二　工作准备

（1）环境准备。整洁、温湿度适宜、无异味。

（2）照护人员准备。着装整洁，洗净双手。

（3）长者准备。询问长者是否需要如厕，协助其排便并洗净双手。

（4）物品准备。轮椅或床上支具、靠垫、枕头、餐具、茶杯、水壶、吸管、汤勺、小毛巾等。

（5）沟通。向长者说明进餐时间和进餐食物，并询问其有无特殊要求。

三 体位的选择及操作规范

进食体位需根据长者的健康状况和疾病特点，采用适合他们饮食的姿势和体态。恰当的进食体位不仅有助于长者顺利进食，还能增加长者的食欲和进食量，从而确保其获得充足的营养。同时，正确的进食体位还可以预防进食时发生呛咳、误吸和窒息等意外情况。

（1）轮椅坐位。适用于下肢功能障碍或行走无力的长者。

方法：将轮椅与床成30°夹角摆放，固定轮子，叮嘱长者双手环抱照护人员脖颈；照护人员双手环抱长者腰部或腋下，协助长者坐起，使其双腿垂于床下并踏稳地面；照护人员用膝部抵住长者膝部，挺身带动长者站立并旋转身体，使长者坐在轮椅中间，后背紧贴椅背，并系好安全带。

（2）床上坐位。适用于下肢功能障碍或行走无力的长者。

方法：长者双手环抱照护人员脖颈；照护人员双手环抱长者腰部或腋下，协助长者坐起，将靠垫或软枕垫于长者背后及膝下，床上放置餐桌。

（3）半卧位。适用于完全不能自理的长者。

方法：对于可摇式床，照护人员将床头摇起，使其与床面成45°～90°（具体角度根据长者舒适度调整），这样的姿势有助于降低长者误吸的风险。

（4）侧卧位。适用于完全不能自理的长者。

方法：照护人员双手分别扶住长者肩部和髋部，轻柔地将长者侧卧于床上，面向一侧（左侧或右侧均可，根据长者习惯和舒适度调整）。在长者肩背部垫上软枕或楔形垫，以保持侧卧位的稳定性和舒适度。

四 饮食种类

（1）饮食种类。普通饮食、软质饮食、半流质饮食、流质饮食。

（2）有益饮品。白开水、豆浆、酸奶、鲜榨果汁、绿茶。

五 注意事项

（1）当长者能够完全自理或拥有良好的上肢功能时，宜采用坐位进食，这样的姿势不仅舒适，还能降低误吸的风险。

（2）当长者处于半卧位或完全卧床状态时，应将头部偏向一侧以保持舒适的姿势。

（3）摆放体位前应做好评估。在摆放体位时，动作要轻柔，确保安全。在使用辅助工具之前，应确保它们已经处于安全的备用状态。

（4）进食时为长者穿戴好围裙，或在其颌下及胸前垫好毛巾。

（5）照护人员应注意观察长者的饮食量、进食速度，是否有呛咳现象以及进食后的表现。饮水时鼓励自饮，宜用吸管。

六　鼻饲

（一）准备工作

（1）洗手（用七步洗手法）。

（2）准备好鼻饲饮食（38～40℃）、清洁的毛巾、适量的水（约100毫升）、一个灌注器和一张记录单，以便进行鼻饲治疗。

（3）为确保灌注器正常工作，照护人员应按照饮食清单准备鼻饲饮食，并进行检查。

（4）对意识清醒的长者，应提前做好沟通。

（二）摆放体位

（1）让长者处于半卧位。

（2）在下颚、胸前垫放毛巾。

（3）准备灌注器。

（三）操作要点

（1）抽取20毫升温开水，与鼻饲管连接，缓慢向长者胃内推注。盖好鼻饲管末端盖帽，以确保鼻饲管通畅，同时可以使鼻饲管管腔润滑、刺激胃液分泌。

（2）照护人员抽取鼻饲饮食，在水杯中轻蘸灌注器乳头部分，刷去外壁鼻饲饮食残渣，打开鼻饲管盖帽并连接，缓慢推注，速度为每分钟10～13毫升。

（3）为了防止鼻饲液被长者吸入肺部，建议每次灌食量不要超过200毫升，保持鼻饲饮食30分钟后再恢复平卧位。

（4）冲洗胃管，封口固定。鼻饲液灌注完毕后再注入温开水冲洗胃管。灌注及清洗完毕后将胃管末端夹紧、包好，用别针固定于衣领上。

（四）归位、记录、整理

（1）撤去毛巾，整理床单位。

（2）灌注器须定期进行清洁和更换。

（3）留意长者的鼻饲情况，在发现他们出现腹胀、腹痛或其他异常反应的情况下，要及时与医护人员沟通。

（五）鼻饲注意事项

（1）确认位置。每次鼻饲前需回抽胃液，确认鼻饲管位于胃内，确保安全。

（2）控制水温。鼻饲液温度应适宜，避免过烫或过冷，以防烫伤或刺激胃部。

（3）定时定量。每次鼻饲量控制在 200 毫升左右，间隔 2 ~ 3 小时一次，避免过量。

（4）缓慢灌注。鼻饲时应缓慢灌入，避免快速注入，以防引起长者呕吐或不适。

（5）清洁消毒。每日须对鼻饲管及相关器具进行清洗和消毒，保持卫生。

（6）定期更换。鼻饲管应定期更换，具体频率根据医嘱或使用说明执行，避免感染风险。

（7）鼻饲液管理。鼻饲液应现用现配，室温下存放不宜超过 6 小时，未用完的鼻饲液须冷藏保存，并在 24 小时内使用完毕。

思考

1. 帮助生活不能自理的长者进食时，应用（　　）喂食。

A. 筷子　　B. 汤匙

C. 吸管　　D. 视长者情况选用筷子、汤匙或吸管等

2. 协助卧床的长者进食时应该采取（　　）。

A. 半坐位　　B. 强迫体位

C. 被动体位　　D. 侧卧位或仰卧位头偏向一侧

3. 长者进食后应保持体位（　　）分钟。

A. 5　　B. 10

C. 30　　D. 60

4. 半自理及不能自理长者的进食体位多为半卧位。（　　）

A. 是　　B. 否

结语

王者以民为天，而民以食为天。

——《汉书·传·郦陆朱刘叔孙传》

第二节　治疗饮食

一　治疗饮食的概念及目的

治疗饮食是指通过对长者进行健康评估，并结合其所患疾病的特点，根据病情需要，制订出一套合理且有效的饮食方案。该方案包括控制每日摄入的热量及补充必要的营养物质。

采取治疗性饮食，可以在保证长者基本营养摄入的前提下，通过调整或限制某些营养成分，有效改善长者的健康状况，延缓其疾病发展，降低发生并发症的风险，从而提升长者的生活质量。

二　治疗饮食的适应证

对于那些因为某种特定的疾病而亟须进行营养补充的长者来说，治疗饮食可以有效改善他们的健康状况，例如糖尿病、低蛋白血症、高蛋白血症、高血压和高血脂等疾病。

三　治疗饮食的种类

（一）高热量饮食

在两餐之间，可为长者提供有营养的饮料或点心，例如，牛奶、豆浆、鸡蛋、蛋糕等。对于需要半流或流质饮食者，可增加浓缩食品，如奶油、巧克力等。

建议患有甲状腺功能亢进、发热等疾病的长者，在医生或营养师的指导下，可考虑每日摄入约 3000 千卡的高热量食物。

（二）高蛋白饮食

在基本膳食基础上增添含蛋白质充足的菜品，如肉类、鱼类、蛋类、乳类、豆类等，蛋白质供给量为每日每千克体重 2 克，但数量不得大于 120 克，总热量 2500～3000 卡。

高蛋白饮食可以帮助患有慢性疾病、贫血、肾脏病变或晚期癌症的长者改善健康状态。

（三）低蛋白饮食

为了保证长者身体健康，建议每天摄入适量的蛋白质，并多吃蔬菜和碳水的食物。

对于那些需要限制蛋白质摄入的长者来说，低蛋白饮食是一个不错的选择，特别是那些患有慢性肾炎、尿毒症和肝病的长者。

（四）高纤维素饮食

长者应该经常吃富含膳食纤维的饮食，例如鲜嫩果蔬、杂粮和豆制品。对于那些患有慢性疾病的长者来说，摄入富含膳食纤维的食物可以改善他们的健康状况。

（五）低纤维素（少渣）饮食

为了促进肠道健康，建议摄入低纤维素的食品，并避免摄入过量的脂肪和高糖食品等，特别是对患有慢性腹泻的长者。

（六）低盐饮食

每日食盐量不超过 2 克（含钠 0.8 克），但不包括食物中自然含有的氯化钠。

低盐饮食适用于患有心脏病、肾脏病（急性、慢性肾炎）、肝硬化（有腹水）以及重度高血压但水肿较轻等疾病的长者。

（七）低脂肪饮食

应尽量减少油脂的摄入，特别是患有高脂血症和冠状动脉硬化疾病的长者，应限制使用植物油（椰树油除外）。

为了保持健康，建议每天摄入的脂肪量控制在 40 克以下。这种低脂肪饮食对患有慢性疾病、高血脂、心脏病、肥胖和消瘦等疾病的长者尤为重要。

（八）低胆固醇饮食

建议长者每天摄入的胆固醇总量控制在 300 毫克以下，避免食用过多的肉类、油炸食品、高胆固醇饮料、海鲜类产品。

患有动脉硬化、高胆固醇和冠心病的长者，应该选择低胆固醇食物以维持身体健康。

（九）无盐、低钠饮食

（1）无盐饮食，即除食物内自然含钠量外，不放食盐烹调的饮食。

（2）低钠饮食，即除无盐外，还须控制摄入食物中自然含有的钠量（每天控制在 0.5 克以下），禁食腌制食品。还应禁食含钠的食物和药物，如发酵粉（油条、挂面）、汽水（含小苏打）和碳酸氢钠药物等。

低盐低钠的饮食可以帮助长者改善他们的健康状况，特别是那些患有心力衰竭、慢性肾炎、肝硬化和严重高血压等疾病的长者。

案例

202 房间 1 床，李慧（化名），女性，86 岁，退休工人。李慧有 20 年糖尿病病史，长期规律服用降糖药物，每日热量分配：早餐 70 克主碳水，午餐 50 克主碳水，晚餐 50 克主碳水，以全麦高蛋白低碳水为主。

李慧空腹血糖 5.6～6.5 mmol/L，餐后 2 小时血糖 6.9～7.3 mmol/L，精神状态良好，日常活动自如，无不适主诉。

1. 工作准备

（1）环境准备。环境整洁，温湿度适宜，无异味。

（2）照护人员准备。着装整洁，洗净双手，戴口罩、帽子。

（3）物品准备。糖尿病食物、饮食单、发饭单、笔。

2. 转抄核对

收到李慧的治疗饮食单，照护人员立即将其内容转抄到发饭单上，并仔细核实无误。该饮食单包括科室名称、房间号码、床位号码、长者姓名、饮食种类及饮食量等信息。照护人员将饮食单提交给营养科（膳食科），以便准备食物。

3. 领取食物

按照发饭时间，照护人员从膳食科领取李慧的糖尿病治疗饮食，并认真核对科区、姓名、饮食种类及量。

4. 核对发放饮食

照护人员推餐车到李慧房间门前，报床号、姓名，并再次核对。

“202 房间 1 床，李慧奶奶，您有糖尿病，所以是糖尿病饮食。您今天的主食是 50 克米饭，菜是一个肉炒丝瓜、一个白菜豆腐。半小时前注射胰岛素了吗？”得到李慧肯定的应答后，照护人员拿取了李慧餐具盛食物，摆放在长者餐桌上。

5. 注意事项

（1）认真核对饮食单及转抄的发饭单。

（2）在发放食物时，照护人员应当仔细核对床号、姓名以及所需的药物种类和剂量，以免出现发放错误，影响治疗效果。

（3）为了维护健康，建议长者使用瓶装或袋装的流质饮食。

（4）建议在食用奶类食物时保持适当的温度。

思考

李慧（化名），女性，86 岁，退休工人。李慧有 20 年糖尿病病史，长期规律服用降糖药物，空腹血糖 5.6～6.5 mmol/L，餐后 2 小时血糖 6.9～7.3 mmol/L。李慧精神状态良好，日常活动自如，没有明显不适。

1. 任务。为李慧制定治疗饮食单。

2. 延伸思考。怎样为类似李慧这样的糖尿病长者制定治疗饮食单？

结语

量腹而食，度身而衣。

——《墨子·鲁问》

第九章　排泄照护

第一节　协助长者如厕

一　营造舒适、安全的如厕环境

环境是影响长者排便的重要因素。嘈杂的环境和异味容易引发长者的焦虑情绪，因此需要为其营造安全、舒适且空气清新的如厕环境。对于可自主行走或乘坐轮椅的长者，建议引导其在卫生间使用坐便器，这种符合人体工学的设施既能保障长者的安全，也有助于放松身心完成排便。针对卧床长者使用便盆的情况，可通过设置屏风或安装轨道拉帘形成独立空间，在维护长者隐私的同时增强心理安全感；此外需注重环境维护，定期清洁消毒并保持良好通风，确保空间无异味。

二　养成规律的排便习惯

（一）引导长者养成规律的排便习惯

（1）适量运动。鼓励能够坐立的长者进行适量的运动。

（2）均衡饮食。增加长者膳食纤维的摄入，多吃富含纤维的水果和蔬菜。

（3）保证水分充足。鼓励长者每天饮用足够的水，维持身体水分平衡。充足的水分有助于促进肠道蠕动并软化粪便，从而更容易排便。

（二）培养良好的排便习惯

（1）固定排便时间。建议长者在清晨醒来后尝试排便。经过一夜的消化，食物残渣在乙状结肠内储存，此时稍作活动，就能够刺激排便反射。晨起后是符合生理规律的排便时间，长期坚持在这个时间尝试排便，有助于形成稳定的排便生物钟。

（2）晨起饮水。早晨醒来喝一杯温开水，不仅能补充夜间睡眠时流失的水分，还能有效清洁肠胃，刺激消化系统活跃，增加便意，使排便更加顺畅。

（3）重视早餐。一顿营养均衡的早餐至关重要，它不仅能为长者提供一天所需的能量，还能通过食物中的营养成分进一步促进肠道蠕动，帮助维持规律的排便习惯，进而提升整体健康水平。

三 排泄异常的观察和照护

（一）排泄异常的观察

1. 排便异常的观察

（1）便秘。观察长者的排便频率、排便时是否伴有疼痛或出血的情况。

（2）粪便嵌塞。询问长者是否有强烈的便意，腹部或直肠区域是否有不适或疼痛的情况。

（3）腹泻。观察长者腹泻的频率、粪便的性状等。

（4）排便失禁。观察长者是否有控制排便的能力及失禁频次等。

（5）肠胀气。观察长者腹部是否膨胀，询问其是否有腹胀感，嗳气、排气增多或减少等症状。

2. 排尿异常的观察

（1）尿失禁。观察长者是否有尿液不自主流出的情况，包括压力性尿失禁（如咳嗽、打喷嚏时漏尿）、急迫性尿失禁（有强烈的尿意但无法控制）等类型。

（2）尿潴留。观察长者是否有排尿困难、尿不尽感或下腹部胀痛等症状。

（二）排泄异常的照护

1. 便秘的照护

（1）评估便秘原因。详细了解长者既往病史、用药情况及排便习惯；评估饮食结构、运动量及水分摄入情况；必要时进行相关检查，排除器质性病变。

（2）增加膳食纤维摄入。每日摄入 25 ~ 30 克膳食纤维，选择全谷物、新鲜蔬果等高纤维食物，如燕麦、红薯、芹菜等。

（3）保证充足水分。每日饮水量1500～2000毫升，分次适量饮用，避免一次性大量饮水。

（4）适度运动。鼓励长者每日进行适量的运动，卧床者可进行床上肢体活动。

（5）腹部按摩。顺时针方向按摩腹部，每日2～3次，每次10～15分钟；力度适中，以长者能耐受为宜。

（6）建立规律排便时间。建议选择晨起或餐后2小时内排便，并固定时间进行排便训练。

（7）创造良好的排便环境。保证私密性，提供舒适坐姿，必要时使用脚凳。

（8）心理照护。耐心倾听长者的诉求，向其解释便秘的原因及改善方法。

（9）医疗干预。遵医嘱使用缓泻剂，必要时进行灌肠处理。

2. 粪便嵌塞的照护

（1）评估粪便嵌塞原因。详细评估粪便嵌塞的形成原因，包括饮食习惯、活动能力、药物使用等因素。

（2）保暖措施。室内温度22～24℃，操作时注意遮盖非操作部位，防止受凉。

（3）药物治疗。遵医嘱使用甘油栓剂或开塞露，必要时口服缓泻剂（如乳果糖）。

（4）人工取便。由专业医护人员进行操作，动作轻柔，避免损伤直肠黏膜。

（5）皮肤护理。使用温水彻底清洁长者肛周及臀部皮肤，轻柔擦干，保持局部干燥。

3. 腹泻的照护

（1）评估腹泻原因。了解长者的饮食、药物、疾病史等，判断腹泻是否由感染、食物不耐受、药物副作用或其他疾病引起。

（2）膳食调理。提供易消化、低纤维的食物，如米粥、面条、蒸蛋等，避免油腻、辛辣、生冷食物。

（3）保持皮肤清洁干燥。每次排便后及时用温水清洗长者肛周皮肤，避免使用刺激性肥皂。清洗后轻轻擦干，必要时涂抹护臀膏或润肤霜，防止皮肤破损或感染。

（4）预防褥疮。对于长期卧床的长者，应定时翻身，避免局部皮肤长时间受压；使用防褥疮垫或气垫床，保持床单平整、干燥；定期检查皮肤状况，尤其是骶尾部、髋部等易受压部位。

（5）密切观察病情。记录排便次数、性状及伴随症状（如腹痛、发热等），如腹泻持续或加重，或出现脱水症状（如口干、尿少、乏力等），应及时就医。

4. 排便失禁的照护

（1）注意保暖。排便失禁可能导致长者感到寒冷，尤其是夜间。注意调节室温，适时添加衣物或使用保暖设备。

（2）保持皮肤清洁。及时清理排泄物，避免皮肤长时间接触污物。使用温和的清洁剂清洗皮肤，清洗后涂抹防护霜或润肤剂，防止皮肤破损或感染。

（3）帮助长者重建控制排便能力。根据长者的身体状况，制订个性化的排便训练计划，如定时如厕、进行盆底肌锻炼等。

（4）进行观察记录。记录排便失禁的频率、时间、诱因及伴随症状，帮助医生判断原因并调整护理方案。

（5）预防褥疮。对长期卧床的长者，定时翻身，避免局部皮肤长时间受压；使用防褥疮垫或气垫床，保持床单平整、干燥；定期检查皮肤状况，尤其是骶尾部、髋部等易受压部位。

5. 肠胀气的照护

（1）饮食指导。建议少量多餐，避免暴饮暴食；减少摄入豆类、碳酸饮料等易产气食物；增加膳食纤维摄入，促进肠道蠕动；注意细嚼慢咽，减少空气吞咽。

（2）适度活动。鼓励长者饭后进行 15 ~ 20 分钟的轻度活动，如散步；指导长者进行腹部按摩，顺时针方向轻柔按摩；简单的腹部运动可以促进肠道蠕动。

（3）协助排气。采取侧卧位，利于气体排出；使用热敷袋敷于腹部，缓解不适；必要时遵医嘱使用排气药物。

（4）心理照护。耐心倾听长者的诉求，给予情感支持；解释肠胀气的成因，消除长者焦虑情绪。

6. 尿失禁的照护

（1）皮肤护理。及时更换尿布或尿垫，保持会阴部清洁干燥；每日用温水清洗会阴部，预防皮肤感染。

（2）膀胱功能训练。制订定时排尿计划，形成排尿规律；进行盆底肌锻炼，增强控尿能力。

（3）心理支持。维护长者尊严，避免责备或歧视；解释尿失禁的可控性，增强信心。

7. 尿潴留的照护

（1）情绪管理。缓解长者焦虑和紧张的情绪。

（2）热敷腹部。使用 40℃左右的热水袋敷于下腹部，热敷时间为 15 ~ 20 分钟，注意防止烫伤。

（3）按摩腹部。轻柔地按摩长者腹部。

（4）诱导排尿。提供私密的排尿环境；用温水冲洗会阴部刺激排尿。

四 协助长者排泄

（一）准备工作

（1）环境准备。环境整洁，温度适宜。

（2）照护人员准备。着装整洁，洗净双手。

（3）物品准备。卫生间有坐便器和扶手、卫生纸，必要时床边放置坐便椅。

（二）协助移位

（1）沟通解释。在协助长者移位前，应先进行沟通，以取得配合。

（2）安全确认。在协助长者移位过程中，注意观察长者的反应和身体状况，确保其无不适或疼痛。

（三）如厕

（1）调整姿势。协助长者在坐便器或坐便椅上坐稳，确保其双脚平放于地面或脚踏上，以便更好地支撑身体。

（2）注意安全。在长者如厕过程中，照护人员应保持一定距离但又能及时响应，以防意外发生。

（3）谨防磕碰。确保卫生间内无尖锐物品或障碍物，以免长者在移动或转身时发生磕碰。

（四）注意事项

（1）长者房间应靠近卫生间，卫生间安装扶手。

（2）清洁坐便器、厕椅、便携式坐便椅等。

（3）卫生用品拿取方便。

（4）保持卫生间地面整洁、无水渍，避免滑倒（特别关注肢体不便的长者）。

（5）注意保暖，保护长者隐私。

思考

1. 长者便秘时应该如何照护？

2. 给长者更换尿垫时的注意事项有哪些？

结语

对老年人的尊敬是自然和正常的，尊敬不仅表现于口头上，而且应体现于实际中。

——戴维·德克尔

第二节 便盆及尿壶的使用

一 便器的种类及区别

长者在卧床时，常用的便器有便盆和尿壶。这些便器通常由塑料和不锈钢制成，其中塑料便携性强，价格实惠，易于更换；而不锈钢则可以通过高温消毒来保持耐久性。

二 协助卧床长者使用便盆

（一）工作准备

（1）环境准备。环境整洁，温湿度适宜，关闭门窗，必要时使用屏风遮挡。

（2）照护人员准备。着装整洁，洗净并温暖双手。必要时戴口罩。

（3）物品准备。便盆、一次性照护垫、卫生纸、屏风。必要时备温水、水盆、毛巾。

（二）沟通

照护人员协助长者排便前要做好沟通，询问长者是否有便意，提醒长者定时排便。

（三）放置便盆

1. 仰卧位放置便盆法

（1）照护人员协助长者取仰卧位，掀开下身盖被折向远侧，协助长者脱下裤子至膝部。

（2）让长者屈膝并抬高臀部，照护人员一手托起长者的臀部，另一手将一次性照护垫置于长者臀下。

（3）再次让长者屈膝抬高臀部，照护人员一手托起长者的臀部，另一手将便盆放置于长者的臀下（便盆窄口朝向足部）。

为防止长者排尿溅湿盖被，应在会阴上部覆盖一张一次性照护垫。

2. 侧卧位放置便盆法

（1）轻轻将长者裤子脱至膝部，随后双手稳稳扶住长者的肩部及髋部，缓慢而平稳地翻转其身体，让长者面向自己，呈侧卧位。

（2）照护人员将长者下身盖被掀开并折向自己一侧，充分暴露臀部，将一次性照护垫平整地置于长者腰及臀下，最后将便盆扣于长者臀部（注意便盆窄口朝向足部）。

为防止排泄物污染盖被，应在长者会阴上部覆盖一张一次性照护垫。

（四）便后处理

（1）照护人员在长者排便完毕后，用一只手支撑住便盆的一侧，另一只手协助长者侧卧，随后将便盆放回原位。

（2）取卫生纸为长者擦净肛门区域。

（3）必要时用温水清洗肛门及会阴部，并确保彻底擦干。

（4）撤去一次性照护垫，妥善处理。

（5）收尾工作。

① 协助长者恢复至舒适的卧姿，为其穿好裤子，并整理床单位。

② 在必要时，帮助长者清洁双手，并适时打开窗户通风。

③ 观察并倾倒长者的粪便。

④ 将已消毒的便盆进行彻底清洗，然后晾干备用。

（五）注意事项

（1）在使用便盆之前，确保便盆干净且完好无损。

（2）协助长者排便时，避免使长者身体长时间暴露。

（3）及时倾倒便盆，并进行彻底的清洁和消毒。

（4）在给长者放置便盆时，不要强行塞进去，以免损伤长者皮肤。

三 协助卧床长者使用尿壶

（一）工作准备

（1）环境准备。环境整洁，温湿度适宜，关闭门窗，必要时使用屏风遮挡。

（2）照护人员准备。着装整洁，洗净并温暖双手。

（3）物品准备。尿壶（男、女）、一次性照护垫、卫生纸、屏风等。必要时准备温水、水盆、毛巾。

（二）沟通

照护人员协助长者排便前要做好沟通，询问长者是否有尿意。

（三）放置尿壶

（1）照护人员协助男性长者取仰卧位，掀开下身盖被折向远侧，协助其脱下裤子至膝部；让长者屈膝并抬高臀部，照护人员一手托起长者的臀部，另一手将一次性照护垫铺于长者臀下。

（2）叮嘱长者屈膝，双腿呈八字分开；照护人员手持尿壶，将开口边缘贴紧长者阴部，确保尿壶放置稳固。

（3）协助男性长者面向照护人员取侧卧位，双膝并拢；将阴茎插入尿壶接尿口，确保尿液顺利流入尿壶；照护人员用手握住尿壶把手固定，防止尿壶移动或倾倒。

（四）收尾工作

（1）长者排尿后，照护人员撤下尿壶。用卫生纸擦干长者会阴部，必要时，照护人员为长者清洗或擦拭会阴部。

（2）移除一次性照护垫，协助长者穿好裤子，整理床铺，必要时协助长者清洁双手。

（3）打开窗户，仔细观察并倾倒尿液，清洗尿壶，然后晾干备用。

（五）注意事项

（1）当老年妇女使用尿壶时，务必将尿壶牢牢地固定在她们的会阴处，避免尿液打湿床单。

（2）在协助长者排尿时，应注意保护长者隐私，尽量减少身体暴露，同时注意保暖。

（3）定期倾倒尿壶，并进行彻底的清洁和消毒，以防止异味和尿渍的残留。

思考

1. 协助卧床长者使用便盆排便时不正确的操作是（　　）。

A. 关闭门窗，必要时用屏风遮挡

B. 一手托起长者的臀部，另一手将便盆放置于长者的臀下

C. 腰部不能抬起的长者，采用仰卧位放置便盆

D. 便盆开口朝向足部

E. 使用前检查便盆完整性

2. 以下便盆使用方法不正确的是（　　）。

A. 使用前检查便盆完整性

B. 一手托起长者的臀部，臀部抬高 5～10 厘米

C. 另一手将便盆放置于长者的臀下（开口朝向足部）

D. 排便时注意保暖

E. 注意保护隐私

3. 帮助卧床长者使用便盆排便的正确方法是（　　）。

A. 脱裤，暴露下肢

B. 便盆破损处用纸巾垫着

C. 便盆开口朝向足部

D. 用手遮盖阴部，防止尿液飞溅

E. 关闭门窗，必要时用屏风遮挡

结语

出入扶持须谨慎，朝夕伺候莫厌烦。

——《劝报亲恩篇》

第三节　更换尿垫、纸尿裤

一　尿垫、纸尿裤的适用范围

（一）尿垫

常见的尿垫多为一次性尿垫，适用于完全卧床，或伴有认知障碍、意识不清、尿失禁及术后需要静养的长者。

（二）纸尿裤

纸尿裤适用于能够行走、坐轮椅、卧床伴有躁动不安，伴有尿失禁、尿滴沥的长者。

二　尿失禁的定义

尿失禁是一种较为严重的泌尿系统病症，其主要特征是膀胱括约肌功能出现持续性异常，导致患者无法自主控制排尿，进而出现尿液不自主流出的情况。

三　长者尿失禁分类

（一）充溢性尿失禁

充溢性尿失禁是由于下尿路存在较严重的机械性或功能性梗阻而引发尿潴留。当膀胱内压上升到一定程度并超过尿道阻力时，尿液会不断从尿道中滴出。

引发充溢性尿失禁的主要原因包括男性前列腺肥大、尿道结石、尿道狭窄以及尿道的恶性病变等。

（二）无阻力性尿失禁

无阻力性尿失禁是由于尿道阻力完全丧失，膀胱内不能储存尿液，表现为长者在站立时尿液全部由尿道流出。

（三）反射性尿失禁

反射性尿失禁是由完全性上运动神经元病变引起，其排尿活动由脊髓反射控制，长者表现为不自主地间歇排尿（间歇性尿失禁），且患者无自主排尿意识。

（四）急迫性尿失禁

急迫性尿失禁是膀胱过度活动症的一种表现，主要由膀胱肌肉紧张过度和尿道括约肌的协调不当引起，常见的病症包括尿频、尿急，多发生在中风长者身上。

（五）压力性尿失禁

压力性尿失禁是当腹压增加时（如咳嗽、打喷嚏、上楼梯或跑步时）有尿液自尿道流出。引起这类尿失禁的原因很复杂，需要进行详细检查。

四 长者尿失禁的照护

对于尿失禁长者，应重点关注其生命体征，观察尿液的颜色、特征和容量等，并进行记录。同时保持皮肤的清洁干燥，如定期更换内衣、外套、毛巾等，便后使用温水擦拭或清洗会阴部，减少尿液对局部皮肤的刺激。建议长者多喝水，这有助于增强排尿反射，并预防泌尿系统感染。为了提高膀胱功能，长者应该坚持不懈地锻炼，并且养成良好的排尿习惯。初始白天每隔 1～2 小时使用便器一次，夜间每隔 4 小时使用便器一次，这样可以有效地帮助长者排尿系统恢复正常。使用便器时，可用手按压膀胱，协助排尿。照护尿失禁长者的过程中，应为其提供良好的心理支持，鼓励长者建立自我管理能力，并主动参与治疗与照护。

五 纸尿裤的更换

（一）工作准备

（1）环境准备。环境整洁，温湿度适宜；关闭门窗，必要时用屏风遮挡。

（2）照护人员准备。着装整洁，洗净并温暖双手；必要时戴口罩。

（3）物品准备。一次性尿垫（纸尿裤）、屏风、水盆、湿热毛巾等。

（二）沟通

为长者更换尿垫（纸尿裤）前须和长者进行沟通，以取得配合。

（三）更换纸尿裤

（1）照护人员将水桶和毛巾放在床边的座椅上。

（2）掀开长者下半身盖被，协助长者取平卧位，解开纸尿裤粘扣，将前片从两腿间向后撤。

（3）双手分别扶住长者的肩部、髋部，协助其翻转成侧卧位，将污染的纸尿裤内面对折，垫于臀下；取温湿毛巾擦拭会阴部，并观察长者会阴部及臀部皮肤情况。将干净的纸尿裤前后对折（紧贴皮肤面朝内）平铺于长者臀下，并向下展开上片。

（4）协助长者翻转身体至平卧位，从一侧撤下污染纸尿裤，放入污物桶。

（5）拉平长者身下的干净纸尿裤，从两腿间向上兜起前片，并整理至大腿内侧边缘，确保其服帖。

（6）将前片两翼向两侧拉紧，后片粘扣粘贴于前片粘贴区。

（7）盖好被子，确保长者舒适。

（四）整理

纸尿裤更换结束后，照护人员整理长者床单位，开窗通风，清洗毛巾、水盆。

（五）注意事项

（1）在为长者更换纸尿裤时，请确保纸尿裤的内侧和外侧边缘完全展开，以避免侧漏。

（2）为确保长者舒适，避免尿液侧漏，应选择大小合适的纸尿裤。

（3）长者在使用纸尿裤时，建议在每次更换之前，以柔软的毛巾对会阴部进行彻底的清洗，减轻异味，并保持局部清洁干燥。

（4）当长者患有传染性疾病时，纸尿裤应放入医用黄色垃圾袋，作为医用垃圾集中处理。

思考

王爷爷 65 岁，腹部手术后 5 天，伴轻度认知症障碍。照护人员应如何为王爷爷更换尿垫。

结语

尊重生命、尊重他人也尊重自己的生命，是生命进程中的伴随物，也是心理健康的一个条件。

——弗洛姆

第四节　使用开塞露、采集二便样本

一　开塞露的作用机理及适应证

开塞露分为甘油制剂和甘露醇、硫酸镁复方制剂两种。虽然这两种制剂成分不同，但作用原理基本相同，均是利用甘油或山梨醇的高浓度所产生的高渗作用软化大便，刺激肠壁，引起反射性的排便反应。此外，加上其具有润滑作用，使大便更加易于排出。

开塞露常用于对老年体弱便秘者的治疗。

二　使用开塞露的时机及用量

开塞露的使用时机最好是在长者有排便感觉之时。对于轻度便秘长者，仅需等待 5 ~ 10 分钟便会有显著效果；对于严重便秘的长者来说，开塞露的使用时长一般不超过 30 分钟。

成人每次使用开塞露 1 ~ 2 支。需将液体全部挤入肛门内。

三　帮助长者使用开塞露

（一）工作准备

（1）环境准备。环境整洁，温湿度适宜；关闭门窗，必要时用屏风遮挡。

（2）照护人员准备。着装整洁，洗净并温暖双手；戴口罩。

（3）物品准备。开塞露、剪刀、卫生纸、便盆、一次性尿垫，必要时备屏风。

（二）沟通

使用开塞露前须和长者沟通，帮助他们缓解焦虑和抵抗情绪，以取得配合。

（三）摆放体位

照护人员协助长者将裤子脱至膝部，取左侧卧位，臀部靠近床边，臀下放置次性尿垫。

（四）开塞露的使用方法

（1）护士或照护人员将开塞露的包装打开，一只手放在长者的屁股上，另一只手拿塑料瓶，然后将少量的药水涂抹在开塞露的前端和肛门处。

（2）将开塞露细管放入肛门内，叮嘱长者深吸气，顺势将开塞露全部推入。

（3）从肛门处取出开塞露塑料壳，随后用左手拿卫生纸，轻柔地按摩肛门约 5 分钟，以促进药物吸收并刺激肠道蠕动。

（4）建议长者保持正确姿势 10 分钟后再进行排便。

（5）当长者感到排泄困难时，可让他们进行深呼吸并做提肛运动（收缩肛门）。

（6）约 10 分钟后照护人员协助长者排便。

（五）整理与记录

（1）长者排便结束后，照护人员整理床单位、洗手。

（2）记录使用开塞露的量及排便情况（用量及次数）。

（六）注意事项

（1）使用开塞露前，检查开塞露前端是否圆润光滑，以免损伤长者肛门周围组织。

（2）患有痔疮的长者使用开塞露时，操作应轻缓并充分润滑。

（3）对开塞露过敏者禁用，过敏体质慎用。

（4）开塞露作为临时缓解便秘的应急措施，不宜长期频繁使用，否则身体会逐渐丧失自主排便的能力。

四　尿、便样本的采集

（一）采集尿、便样本的意义

采集长者的尿、便样本进行实验室分析，对于准确识别疾病、评估健康状况、制订及调整治疗方案具有重要意义。通过定期检测，可以及时发现潜在的健康问题，为长者提供更加个性化和更有效的健康管理服务。例如，收集长者的尿样，有助于诊断其是否患有泌尿系统感染，内分泌、免疫系统和肾脏疾病；收集长者的粪便样品，有助于诊断其是否患有消化系统感染、寄生虫感染或传染性疾病等。

（二）尿、便样本的适应证

（1）尿样本的适应证。疑似泌尿系统感染（如尿频、尿急、尿痛等症状）；肾脏疾病诊断及随访；内分泌及免疫系统疾病筛查。

（2）粪便样本的适应证。有消化道症状（如腹痛、腹泻、便秘、便血等）；患疑似寄生虫感染或肠道传染病；患消化道疾病长者的定期随访和疗效监测。

（三）样本采集原则

（1）依据医嘱采集各种样本。

（2）采集前根据检验目的选择合适的容器。

（3）各种样本的采集量、时间、方法要准确。

（4）采集样本前后要认真做好核对工作。

（5）样本采集后要及时送检。

（四）采集尿样本的步骤及方法

1. 工作准备

（1）环境准备。环境整洁，温湿度适宜；关闭门窗，必要时用屏风遮挡。

（2）照护人员准备。着装整洁，洗净并温暖双手，佩戴口罩。

（3）物品准备。无菌尿杯（带盖）、粘贴标签的尿样本瓶、化验单、便盆或尿壶、碘酊、无菌棉签或湿巾、一次性手套等。

2. 沟通

收到化验单后，照护人员应及时告知长者收集尿样本的时间，向长者解释采集尿样本的目的和意义，取得其理解和配合。

3. 采集尿样本

（1）能自理的长者。

① 照护人员指导长者用肥皂和清水清洁双手。

② 提供无菌尿杯和样本瓶，并告知长者先排出一部分尿液，再用尿杯接取中段尿液。

③ 采集后，将尿液倒入样本瓶，并及时送检。

（2）不能自理的长者。

① 照护人员使用棉签蘸取碘酊，以确保长者的尿道口得到有效的消毒。

② 对于女性长者，可以在臀下放置便盆，在尿液流出时用尿杯收集中段尿液，并将其倒入样本瓶中，随后协助其撤下便盆，整理床单位。

③ 对于男性长者，使用尿壶接取尿液，尿道口与尿壶的距离为 3 ~ 5 厘米，在尿液流出时用尿杯接取中段尿液约 30 毫升放置一旁，协助长者整理衣裤，然后将尿杯中的尿液倒入样本瓶。

（3）留置尿管的长者。

① 将导尿管反折，关闭尿袋上的放尿开关，将导尿管和尿袋的连接处分离，然后用碘酊对导尿管末端进行消毒，将便盆放置在床上，最后将导尿管打开，将一部分尿液倒入便盆。

② 再次反折导尿管，然后将尿样本瓶或尿杯放入，以便收集到足够的尿液。

③ 样本放置妥当。用碘酊消毒导尿管末端及尿袋衔接端，再将尿袋衔接端插入导尿管内。打开尿袋上的开关，检查导尿管路是否通畅。

4. 整理

为长者整理床单位，倾倒便器，刷洗、消毒、晾干备用。

5. 送检样本

将尿样本连同化验单一起送至化验室。

（五）采集便样本的步骤及方法

1. 工作准备

（1）环境准备。环境整洁，温湿度适宜；关闭门窗，必要时用屏风遮挡。

（2）照护人员准备。着装整洁，洗净并温暖双手，戴口罩。

（3）物品准备。清洁、干燥、无菌的便盒（建议使用一次性便盒）、化验单、便盆、棉签、干净的手纸或湿巾等。

2. 沟通

向长者解释采集便样本的目的和意义，取得其理解和配合。根据长者的排便习惯，选择合适的采集时间。

3. 采集便样本

（1）能自理的长者。指导长者使用干净的便盆或马桶排便；排便后，使用便盒内附带的取样勺，取适量（约黄豆大小）粪便放入便盒；将便盒盖紧，并在标签纸上注明长者姓名、床号、采集日期和时间等信息。

（2）不能自理的长者。协助长者使用便盆或尿壶排便；排便后，使用干净的取样勺，取适量粪便放入便盒；将便盒盖紧，并在标签纸上注明长者姓名、床号、采集日期和时间等信息。

4. 整理

为长者整理床单位，倾倒便器，刷洗、消毒、晾干备用。

5. 送检样本

将便样本连同化验单一起送至化验室。

（六）采集样本的注意事项

（1）采集尿样本时，须采用无菌操作，采集容器必须是无菌的。

（2）采集样本时勿将粪便或其他污染物混入样本。

（3）采集样本时应避免使用开塞露等通便药物，以免影响检测结果。

（4）采集样本时，应注意保护长者隐私，并尊重其意愿。

（3）采集样本后，应及时送检，避免长时间放置导致样本变质。

五　排泄物的观察

（一）正常排泄物的观察

1. 正常粪便

（1）次数。长者通常每天排便 1 ~ 2 次，或 2 ~ 3 天排便 1 次。

（2）量。排便量 100 ~ 300 克。

（3）形状与软硬度。如香蕉。

（4）颜色。黄褐色或棕黄色。

（5）气味。因食物种类而定。

2. 正常尿液

（1）次数。排尿次数白天 4 ~ 6 次，夜间 0 ~ 2 次。

（2）尿量。尿量每次 200 ~ 400 毫升，每天 1000 ~ 2000 毫升。

（3）尿液的性状。

① 颜色。新鲜尿液呈淡黄或深褐色。

② 透明度。新鲜尿液清澈透明。

③ 酸碱反应。pH4.5 ~ 7.5，平均为 6，呈弱酸性。

④ 气味。新鲜时酸味，久置后有氨味。

（二）异常排泄物的观察

1. 粪便异常的观察

（1）次数。每天排便超过 3 次或每周少于 2 次。

（2）形状与软硬度。

① 便秘时粪便坚硬，呈栗子样。

② 消化不良或患急性肠炎时为稀便或水样便。

③ 肠道部分梗阻或直肠狭窄，粪便呈扁条形或带状。

（3）内容物。肠道寄生虫感染的长者粪便中可见寄生虫或卵。

（4）颜色。

① 柏油样便提示上消化道出血。

② 白陶土色便提示胆道梗阻。

③ 暗红色血便提示下消化道出血。

④ 果酱样便见于肠套叠、阿米巴痢疾。

⑤ 粪便表面粘有鲜红色血液见于痔疮或肛裂。

⑥ 白色“米泔水”样便见于霍乱、副霍乱。

（5）气味。

① 严重腹泻长者因未消化的蛋白质与腐败菌作用，粪便有碱性反应，气味极臭。

② 患下消化道溃疡、恶性肿瘤长者粪便有腐烂臭味。

③ 上消化道出血的长者粪便呈柏油样并有腥臭味。

④ 消化不良、乳糖类未充分消化或吸收脂肪酸产生气体，粪便呈酸性反应，气味为酸败臭。

2. 尿液异常的观察

（1）尿量。

① 多尿。多尿指 24 小时内排出的尿量高于 2500 毫升。

② 少尿。少尿指 24 小时内排出的尿量小于 400 毫升或每小时排出的尿量小于 17 毫升。

③ 无尿。无尿指 24 小时内排出的尿量小于 100 毫升。

（2）气味。糖尿病酮症酸中毒时，尿液为烂苹果味。

3. 长者排泄异常的报告记录

照护人员发现长者尿、便出现异常时，应立即从尿、便的性质、次数、量、颜色、气味等方面进行详细记录，及时报告给医护人员和家属，并根据医嘱留取样本。

思考

1. 通过粪便检查可确定长者患有哪种疾病？（　　）

A. 消化道恶性肿瘤　　B. 消化道溃疡

C. 肠道寄生虫　　D. 肝脏疾病

E. 消化不良

2. 下列选项中不符合粪便样本正确取材方法的是（　　）。

A. 取多个部位的粪便　　B. 取黏液最多的粪便

C. 取脓液和血液交界处的粪便　　D. 取脓液、血液和黏液交界处的粪便

E. 取采便管采集的粪便

3. 人便镜检不可见的成分是（　　）。

A. 红细胞　　B. 白细胞

C. 淀粉颗粒　　D. 草酸钙结晶

E. 细菌

4. 不会使粪便化学法隐血试验出现假阳性的是（　　）。

A. 铁剂　　B. 铋剂

C. 维生素　　D. 食物鱼肉

E. 动物血

结语

把尊重自己和尊重他人结合起来，就会散发出高贵的气质。

——佚名

第十章　睡眠照护

第一节　睡眠与健康

一　睡眠的重要性

（一）睡眠是健康的重要保障

作为人类的基本生理需求，睡眠占据每日约三分之一的时间。保证充足的睡眠是维持生命活动不可或缺的重要环节，对于老年群体而言，优质的睡眠质量不仅能提升身体机能状态，更能有效增强生活意愿。

在睡眠过程中，人体能够合成具有抗病毒功能的免疫物质。无论是疾病状态下的嗜睡反应，还是康复阶段对睡眠需求的增加，不同年龄、生活习惯和健康状况都会影响睡眠质量。但机体在觉醒后产生的充实感，始终是衡量睡眠质量的重要指标。

（二）睡眠具有消除疲劳的功能

睡眠障碍会直接导致次日生理与心理状态异常，具体表现为情绪焦躁、头痛、倦怠感、行动力下降及精神萎靡等症状。保持健康睡眠模式不仅能维持大脑认知功能与机体生理平衡，更能有效延缓身体机能的衰退进程。

（三）睡眠是能量的源泉

规律且充足的高质量睡眠，不仅能让长者心情愉悦、进一步提升睡眠质量，还能增强他们战胜疾病的信心。同时，高质量的睡眠有助于提高人体细胞功能，使身体的产能大于耗能，为身体持续注入活力。

二 长者的睡眠特点

（一）睡眠时间缩短

60～80岁健康长者的睡眠时间为7～8小时，但大部分长者实际睡眠时间为6～7小时。

（二）夜间易醒

长者因生理功能改变、睡眠结构的变化，健康状况、心理及环境等因素的影响，睡眠质量降低，夜间容易醒。

（三）浅睡眠增多

随着年龄的增长，长者浅睡眠比例增加，深睡眠比例减少。

（四）容易早醒，喜欢打盹

趋向于早睡早起。在白天活动时容易犯困、打盹。

三 判断长者睡眠质量的标准

判断长者睡眠质量的标准主要有以下两方面：一是夜间基本不会醒来，即便偶尔醒来也能快速重新入睡，这表明长者睡眠连续性较好且不易中断；二是睡醒后自觉精力充沛、情绪愉悦，这反映出睡眠有效恢复了身体机能与精神状态。

建议长者保持晚上9～10点入睡、早晨5～6点起床的规律作息，这种稳定的生物钟有助于持续维护优质睡眠。

第二节 影响睡眠的因素

影响长者睡眠的因素是多方面的，主要包括环境、生理、病理、心理等因素。

一 环境因素

（一）温度和湿度

长者的身体调节能力有限，室内温度的波动可能会导致他们无法得到充足的休息，而湿度的变化则可能会影响他们的睡眠质量。

（二）声音、色彩、光线

长者的视觉适应能力下降，睡眠易受声光的影响，光线过亮或过暗，都易导致长者看不清周围物体而发生跌倒和坠床等安全问题。同时过于浓重的色彩会使长者情绪兴奋或抑郁，影响睡眠。

（三）寝具

床铺的高低、软硬度，是否有床挡，枕头高度和软硬度，被子的舒适度，都会影响长者的睡眠质量。

二 生理因素

（一）身体机能退化

随着年龄的增长，人体的各个器官都在逐渐老化，包括大脑。大脑老化会导致神经功能逐渐衰退，从而影响睡眠质量。特别是大脑中松果体分泌的褪黑素，褪黑素分泌不足会直接影响睡眠质量。

（二）生物钟紊乱

随着年龄的增长，人的生物钟可能会变得不稳定，导致睡眠时间缩短和睡眠质量下降。

（三）睡眠需求减少

随着年龄的增长，人的体力和精力的消耗都明显减少，身体对睡眠的需求也随之减少，这也容易导致长者失眠。

三 病理因素

（一）下肢痉挛和小腿不适

长者经常出现下肢肌肉不自主痉挛的现象，尤其在夜间可能会反复发作，这会对长者的睡眠质量造成严重的影响。

（二）皮肤瘙痒

随着年龄的增长，长者皮肤变薄，易干燥，同时感觉神经末梢保护性结构衰退，轻微刺激即可引发瘙痒症状，影响睡眠质量。

（三）夜间尿频

长者的膀胱通常会变窄，并且会出现括约肌松弛、难以充分排出尿液等情况。此外，男性长者多患有前列腺肥大增生，这是引发夜间尿频、影响睡眠质量的主要原因。

（四）关节疼痛或器官疾病

饥饿、腹胀、关节肌肉疼痛以及心脑血管等慢性病症，都会影响长者的正常睡眠。

四 心理因素

（一）心理压力

老年人容易产生各种心理压力，如紧张、焦虑、抑郁等情绪，这些情绪会直接影响睡眠质量。例如，担心自身的健康、退休后的失落感、丧偶或独居等，都可能成为其心理负担，导致睡眠障碍。

（二）心理疾病

一些心理疾病，如焦虑症、抑郁症等，也可能会导致长者失眠。这些疾病会使长者情绪不稳定，影响睡眠质量和睡眠时间。

除以上因素外，长者的睡眠还受个人行为习惯、生活习惯（在睡前饮用刺激性的物质，如咖啡、浓茶、酒等）、外界干扰等因素的影响。

第三节　睡眠照护技巧

一　了解长者平日的睡眠习惯

照护人员应了解并熟知长者的睡眠习惯，如每晚需要睡眠几小时，几点就寝，早晨几点起床；睡前有没有特殊习惯，如喝热饮料、热水坐浴或背部按摩；睡前是否需要服用安眠药等。

二　营造安静舒适的睡眠环境

（一）室温和光线

根据长者的要求和习惯，关闭门窗、调节室内温度。夏季最适宜的温度为25～28℃、冬季为18～22℃，相对湿度为50%～60%。窗帘颜色最好是深色，遮挡室外光线，营造舒适、安静、光线暗的睡眠环境。

（二）通风换气

在长者入睡前1小时，将卧室门和窗户打开通风换气，时间大约为20分钟。

（三）环境安静

长者睡眠时要保持环境安静。照护人员为长者提供各项照护服务时要尽量集中时间，不要在长者睡眠时进行。照护人员要做到走路轻、操作轻、关门轻、说话轻。

三　确保长者身心愉悦

（一）洗漱照料

照护人员应积极协助长者保持良好的睡前个人卫生习惯，包括清洁口腔、洗脸、洗手和洗脚，定期清洁会阴部和臀部。长者双脚发冷时可使用热水泡脚，睡前排空大小便，确保长者的身体舒适、清爽。

（二）整理床铺

铺好被子，拍松枕头并调至合适的高度，一般最舒适的高度是6～9厘米，或者依据长者的习惯调整枕头高度。

随季节的变化及时调整被子的厚度，可采用热水袋或其他方式取暖，但在长者入睡前，务必将热水袋取出，以免发生意外。

（三）保持良好的睡眠姿势

养老照护人员应主动倾听长者的诉求，协助其采取适当的睡姿。对腰部或关节疼痛的长者，应确保其身体充分放松且体位舒适。必要时，可对受压部位、头皮、颈部、肩部进行按摩，以缓解疼痛。

同时，养老照护人员需及时关注并处理长者身体的不适症状，如疼痛、气喘、胸闷、瘙痒等。对无法自行解决的，应及时报告医生或护士。

此外，养老照护人员还应留意观察长者因心理压力导致的睡眠障碍。若长者有不愉快或烦心之事，应及时与长者谈心，陪伴并耐心倾听，给予安慰，以缓解长者的心理压力。

第四节　观察记录异常睡眠

睡眠障碍是睡眠质量不正常，以及在睡眠中出现异常行为的表现，也是睡眠和觉醒正常节律交替紊乱的表现。

一　睡眠障碍类型及原因

（一）入睡障碍

1. 症状

躺在床上超过30分钟仍无法入睡。

2. 原因

（1）昼夜节律紊乱导致出现时差混乱。

（2）泡过热水澡后，深部体温的上升作用到自主神经。

（3）有在意的事情或者面临较大的压力时，大脑可能无法放松，导致入睡困难。

（4）环境因素，如有噪声、光线过强、床铺不舒适等。

（二）中途觉醒

1. 症状

夜间频繁醒来，且不能熟睡。

2. 原因

（1）尿频。

（2）睡得过早。

（3）打鼾或者有睡眠呼吸暂停综合征。

（三）熟睡障碍

1. 症状

早晨醒来时没有神清气爽的感觉，反而感到疲惫不堪。

2. 原因

（1）打鼾或者有睡眠呼吸暂停综合征。

（2）睡眠过程中频繁醒来

（四）早醒

1. 症状

早上醒得较早，且醒后难以再次入睡。

2. 原因

（1）入睡过早。

（2）患有抑郁症。

二 睡眠障碍的影响

（1）导致大脑功能紊乱。如头痛、头晕、心慌、烦躁等。

（2）反应迟钝、记忆力减退，免疫力下降。

（3）容易衰老。

（4）诱发多种疾病。如高血压、冠心病、糖尿病、肿瘤等。

三 睡眠障碍的照护

睡眠障碍的照护需要从多个方面入手，以下是一些关键措施。

（一）营造良好的睡眠环境

（1）确保睡眠环境安静、温度适宜、光线柔和。
（2）选择适合的床垫和枕头，保持床单清洁卫生。
（3）检查被子的厚度是否适合当前季节，避免过热或过冷。
（4）确保卧室内无刺激性气味。
（5）检查卧室是否有蚊虫干扰。
（6）避免空调风直接吹向身体。

（二）养成良好的生活习惯

（1）每天固定时间睡觉和起床，避免熬夜。
（2）睡前避免摄入咖啡因、尼古丁等刺激性物质。
（3）晚餐避免过饱，选择易消化的食物。
（4）睡前可饮用温牛奶或食用香蕉等助眠食物。
（5）白天适度运动，但避免在睡前进行剧烈活动。
（6）避免长时间午睡，控制在30分钟以内。

（三）确保心情舒畅

（1）睡前通过冥想、深呼吸等方式放松心情。
（2）减少睡前过度思考，必要时寻求心理咨询。

长者应在医生指导下使用助眠药物，避免自行用药。如果睡眠障碍由其他疾病引起，需积极治疗原发病。

四 观察记录

（一）观察要点

观察要点一般包括长者的入睡时间、夜间觉醒时间及次数、总睡眠时间、睡眠质量等。当发现长者晨起精神不佳或主诉睡眠不好时，应重点观察其是否存在入睡困难、昼夜颠倒、难以维持睡眠、睡眠呼吸暂停、夜间阵发性呼吸困难或嗜睡等情况。

（二）记录内容

照护人员通常记录的内容包括：床号、姓名、睡眠情况（入睡时间、觉醒时间及次数、总睡眠时间、睡眠质量）、长者主诉、异常睡眠表征、是否采取措施等。观察并确认长者是否存在异常睡眠情况，做好记录，及时告知医护人员和家属。

思考

1. 影响长者睡眠的因素有哪些？
2. 如何科学照护长者的睡眠？

结语

睡侧而屈，觉正而伸，早晚以时，先睡心，后睡眼。

——蔡元定

第十一章　失智照护

当前中国人口老龄化进程位居世界前列，预计到 2050 年将进入深度老龄化社会，60 岁及以上人口比例预计突破 30%。随着老龄化程度不断加深，失智症患者数量呈显著上升趋势。失智症患者的发展趋势已成为一个需要全球共同关注的问题。

第一节　认识失智

在日常生活中，我们会接收大量信息，并通过提取记忆与知识来进行决策或判断。在此过程中，涉及记忆、知识储备、语言处理、信息理解、逻辑思考、运算能力及注意力分配等多种认知能力的协同运作。这种通过信息收集、分析处理最终形成判断的综合性能力，即被称为认知机能。

一　失智的定义

世界卫生组织（WHO）将失智定义为一种由慢性或进行性大脑疾病引发的综合征，其临床特征表现为记忆、思维、定向、理解、计算、学习、语言及判断等多种高级脑功能出现障碍。该病症特指因认知功能受损导致患者日常生活能力显著下降的病理状态（俗称“痴呆”）。

二 失智的症状

（一）核心症状（普遍存在）

1. 记忆障碍

患者会出现记忆力衰退，难以回忆起过去的经历，尤其是近期记忆更容易受到影响，表现为病理性健忘。例如，可能忘记当天去过公园，但对多年前的旅行经历却记忆犹新。

2. 定向障碍

患者可能会无法准确判断时间、地点或自身所处环境，难以将时间与事件联系起来，容易出现昼夜颠倒的情况。例如，半夜起床要求吃饭，无法理解当前的时间与行为的关联。

3. 失语、失认、失行

（1）失语。尽管与说话相关的器官（嘴唇、舌头、口腔肌肉等）功能正常，但患者可能无法准确表达自己的意愿或想法，甚至无法理解他人的话语。例如，可能会将“纸”说成“笔”，或将“想喝茶”表达为“想吃饭”，有时甚至完全无法表达。

（2）失认。尽管视觉器官和神经功能正常，但患者无法识别眼前的事物。

（3）失行。尽管四肢健全且无麻痹症状，但患者难以完成一系列连贯动作，表现为大脑对运动控制的功能障碍。例如，无法拿起电话或完成特定动作；看到水瓶打翻后知道需要收拾，但不知道如何操作。

4. 计算能力下降

患者可能会出现数理逻辑混乱，即使是简单的算术也可能会出错，这种计算能力下降在购物等日常活动中尤为明显。

5. 判断力下降导致执行功能障碍

记忆力衰退和认知能力减弱使失智症患者的判断力显著下降，导致思维迟缓，难以独立完成多项任务，甚至一些基本的生活判断也变得困难。例如，无法同时吃饭和看电视，天气寒冷却坚持穿短袖，或失去做饭的能力。

表 11.1　失智健忘和普通健忘的区别（记忆障碍）

普通健忘	失智健忘（记忆纽带脱落）
想不起吃过什么菜	忘记吃过饭这件事
一时想不起眼前人的名字	不知道眼前的人是谁

续表

普通健忘	失智健忘（记忆纽带脱落）
搞错星期或日期	搞错月份或季节
……	……

（二）周边症状（不一定会出现）

1. 精神症状

（1）莫名的不安。表现为心情难以平静、易焦躁、对身体健康过度担忧（即使没有任何病痛，仍认为自己身体的某些部位出了问题）等。

（2）强迫症状。最常见的是清洗强迫和确认强迫。例如，认为自己的手很脏而不断清洗，或总觉得家门没锁而反复确认。

（3）抑郁和无力状态。在失智初期，患者常出现情绪低落症状。典型的抑郁症患者可能会连续 3 个月睡眠不好、食欲不振，甚至闭门不出、拉着窗帘。然而，失智症患者与发病前的症状有所不同：他们在情绪低落几个月或几年后，可能会突然变得开朗。当家人正为他们的情绪好转感到高兴时，却发现他们出现了健忘症状。

（4）幻觉、幻视、幻听。患者会听到或看到一些现实中不存在的东西，且这些体验并非短暂的错觉，而是长时间内持续发生。患者会认为这些幻觉是真实的，甚至会与听到的声音对话，或与看到的人打招呼。

（5）妄想。常见的有被害妄想或被盗妄想。例如，患者明明是自己忘记把东西放在哪里了，却认为是被别人偷了。正常人都有喜怒哀乐的情绪，但妄想会导致患者总觉得有人要害他，从而减少喜乐的情绪，增加怒哀的情绪。

2. 行为症状

（1）徘徊行为与回家行为。长者可能会忘记回家的路以及自家的门牌号，导致他们在街道上长时间循环往复地行走，这种情况尤其在傍晚时分更为常见。在养老机构，长者可能会请求照护人员送自己回家，有时即便身处家中，也会不断念叨着要回家。例如，长者原本想去卫生间，但打开门后却忘记了自己的目的。

（2）语言攻击与反抗照护。长者可能会出现大声说话、动手打人等行为。他们可能会误解一些照护行为，认为这些行为具有攻击性，从而产生反抗行为。例如，当照护人员用毛巾帮他们洗脸时，他们可能会误以为是要用绳子勒他们，因而表现出攻击性。

（3）昼夜颠倒。长者在黄昏前可能会意识不清、昏昏沉沉，但到了黄昏之后却突然精神焕发，表现出与白天截然不同的活跃状态。

（4）不洁行为。失智症可能导致长者无法适当地进行清洁行为。例如，他们在上完卫生间后可能会感到臀部不适，进而用手去触摸，随后又急于清除手上的脏物，但却不知道应该用水冲洗，而是选择到处擦拭。

（5）收集癖。长者可能会不停地购买或捡拾物品回家，导致家中堆积大量相同的物品。然而，他们很快就会忘记自己曾经购买或捡拾过这些物品。

（6）异食行为。长者可能会将不能食用的物品放入口中甚至直接吞下。尽管他们并非真的想要进食，但失智症会促使他们将视线范围内的任何东西都往嘴里塞。

（7）失禁。随着大脑功能的退化，长者可能会无法控制排便和排尿，导致失禁现象的发生。

第二节　引起失智的疾病

引起失智症的疾病有多种，这些疾病主要影响大脑的认知功能，导致记忆力、理解力、语言能力、运动能力等方面的退化。

一　阿尔茨海默病

阿尔茨海默病（Alzheimer's Disease）是导致失智症最常见的病因，约占所有失智症病例的 60%～70%。这是一种神经退行性疾病，其主要病理特征为大脑内 β-淀粉样蛋白异常沉积，以及神经元纤维缠结的形成。这些病理变化会导致神经元逐渐死亡，进而使患者的认知功能不断下降。临床研究表明，随着年龄的增长，阿尔茨海默病的患病率会显著上升。

二　血管性疾病

脑血管疾病（如脑梗死、脑出血）可导致大脑供血不足或脑组织损伤，从而引发认知功能障碍。血管性失智症约占所有失智症病例的 20%。

三　路易体痴呆

该病症以波动性认知障碍、生动视幻觉及帕金森样运动症状（如静止性震颤和运动迟缓）为特征，其认知功能波动可在数小时至数天内出现显著变化。

四 其他疾病

病毒性脑炎、细菌性脑膜炎等中枢神经系统感染性疾病，如果不及时治疗，可能造成神经元的不可逆损伤，导致进行性智能损害；亨廷顿氏病、多发性硬化症等神经系统疾病也可能导致认知功能下降和失智症的发生。

第三节 失智照护技巧及常见风险应对

掌握失智照护技巧，对提高长者生活质量、保障长者安全、减轻家庭负担、促进情感交流、延缓病情进展以及促进社区支持具有重要意义。因此，无论是家庭成员还是专业照护人员，都应该积极学习和掌握这些技巧。

一 照护不当的影响

照护人员须清楚地认识到，对长者照护不当不但会影响长者的身心健康、增加安全风险，还会引起长者失智行为和精神症状的恶性循环（如图 11.1 所示）。

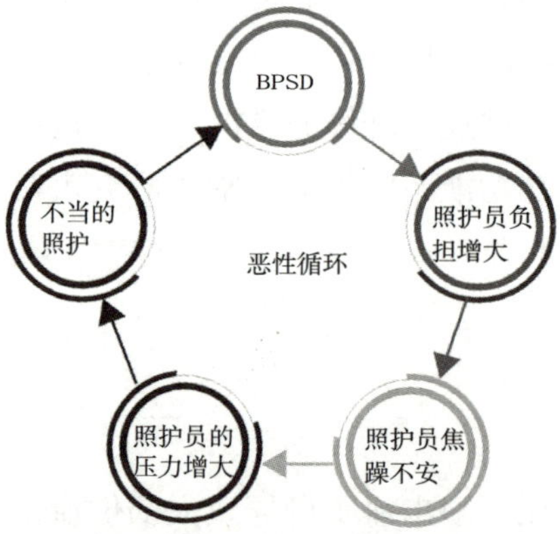

图 11.1 失智行为和精神症状（BPSD）的恶性循环

二 失智的早期表现

照护人员在照护中，应密切关注长者日常生活及身体状况等细节，这有助于早期发现失智症状（见表 11.2），使长者尽早得到正确的照护。这对延缓失智进程、有效治疗失智症具有重要意义。

表 11.2　失智的早期表现

失智早期表现	不停询问同一件事 对外出或与他人见面感到麻烦 忘记将东西带回或收纳 对过去喜欢做的事情变得不感兴趣 总是做相同的饭菜 变得容易生气 在熟悉的地方迷路 时间模糊（下午 2 点想吃晚饭） 经常忘记下一步动作，如不关冰箱门 变得不在意仪容 ……

三　正确的照护要点

（一）以长者为中心

在照护过程中，应充分尊重长者的个性。失智长者能否过上有尊严的生活，很大程度上取决于照护人员及其周围人能否帮助他们维护尊严。然而，照护人员有时容易陷入一种误区，即只关注理解失智这一疾病本身，而忽视了理解长者作为个体的独特性，这可能会在无意中损害长者的尊严。

（二）尊重其个性

与其将重点放在失智这一疾病上，不如更多地关注如何与失智长者共同生活，寻找最佳的照护方式，激发长者的主观能动性，使他们能够积极参与自己的照护过程。

（三）将重心从疾病转移到人本身

以长者为中心的照护方式强调保障长者的最大自由，这要求照护人员对长者有深入的了解。在与失智长者交流时，关键不在于否定他们心中的“现实”，而在于设身处地地接受这一“现实”，不评判其正确性，而是承认多样性的存在，并从长者的角度出发进行考虑。当长者感受到被认可和被接受时，他们将体验到充实感和自信感。

（四）将重心从丧失的能力转移到残存的能力

照护人员不应停留在帮助长者的层面，而应与长者建立互助伙伴关系。有时，由于工作繁忙、疲劳或缺乏专业培训，照护人员可能会不自觉地表现出急躁，阻止长者进行某些活动，从而剥夺了长者的自主权。在照护过程中，应重视并利用长者的残存能力，并在此基础上提供适当的支持，这才是正确的照护方法。

四　失智长者常见风险及应对

（一）跌倒风险

失智长者因多项功能衰退，行动迟缓，且容易在幻听幻视等异常情况下跌倒，因此打造一个适老环境并注重适老辅助产品的使用尤为重要。

（二）走失风险

大多数失智长者存在意识障碍和空间定位能力较弱的问题，他们经常会在同一条路径来回徘徊。然而，许多养老机构的长直走廊设计往往会进一步降低长者的方向感，导致他们更加难以定位，从而增加了潜在的危险。

针对失智长者的特殊需求，可以设计短循环游走的路径。这种路径围绕中心服务区形成环形线路，将不同的活动空间、景观以及休息座椅等设施纳入其中。通过这种方式，失智长者在游走过程中不仅能够获得感知觉的刺激，还能更容易辨别方向，并且最终能够顺利返回起点。

（三）意外伤害风险

1. 跌落风险

为防止失智长者攀爬窗户或从楼梯跌落，在一些地方应增加防滑垫或扶手。长者的床不宜太高，并且应放置遮挡物，防止失智长者在症状发生时或在熟睡时跌落。

2. 烧烫伤风险

失智长者由于控制能力较弱且对危险的认识不足，可能会主动触碰高温物体或操作失误导致烫伤。因此，应尽量避免长者接触高温物品，训练时应选择轻松、安全的场地，并安排专人照看，确保安全。

3. 触电风险

对有触电风险的电器，应将其放置在远离失智长者日常活动的区域，并做好防护措施，平时应拔下插头断电。失智长者生活区域的电源插座应避免明装，尽量远离水源，以防长者喝水或洗手时发生触电危险。此外，电插板不应裸露放置在地面，部分失智长者可能会随地大小便，若靠近电插板，容易引发短路。同时，部分失智长者可能有咬物品或拆物品的习惯，需定期检查长者经常活动的区域及触碰范围内的电线及电器，确保无破损以及安全隐患。

思考

请仔细回忆并说出失智的各种症状。

结语

要想预防失智，最重要的是保持乐观的心态。

——佚名

第四部分

康复服务

第十二章　体位转换

第一节　拐杖、轮椅及平车的使用

一　拐杖的使用

（一）拐杖的选择及使用

拐杖的常见类型包括 T 字形手杖、四脚手杖、带座拐杖、腋杖、肘拐以及前臂支撑杖等。在具体选择时需根据长者的身体状况进行区分：对平衡能力较弱且上肢肌力不足的长者，建议优先选用四脚手杖或肘拐；普通长者在日常活动中通常可选用 T 字形手杖或带座拐杖；而下肢存在严重功能障碍（如截肢或截瘫）的长者，则更适合使用腋杖。

（二）拐杖的使用方法

1. 利用拐杖步行

（1）三点步行。伸出手杖，先迈出患足，再迈出健足。

（2）二点步行。同时伸出手杖和患足并支撑体重，再迈出健足，手杖与患足作为一点，健足作为一点，交替支撑体重。

2. 利用拐杖上下楼梯

（1）上楼梯。健侧手扶楼梯扶手—手杖放患侧—健侧下肢迈上一级楼梯—将手杖上移，最后迈患侧下肢。

（2）下楼梯。健侧手先向前向下移—手杖下移—患侧下肢下移—健侧下肢下移。

（三）拐杖的使用流程

1. 工作准备

（1）环境准备。地面平坦，无积水。

（2）照护人员准备。掌握拐杖的使用方法，着装整洁；全面了解长者的身高、体重、年龄、疾病诊断、病情及进展情况；与家属充分沟通，了解长者以往的拐杖使用情况、活动能力、活动时间等。

（3）长者准备。有行走的意愿，身体状况允许，着装合体，鞋子防滑。

（4）物品准备。拐杖完好，适合长者使用。

2. 检查拐杖

在使用拐杖之前，照护人员应该指导长者仔细检查拐杖的各部件，如把手是否牢固，拐杖与地面的接触处是否牢固，调节高度的按钮是否被正确锁定等。

3. 注意事项

（1）在长者使用拐杖之前，照护人员应该向其说明使用拐杖的注意事项。

（2）照护人员应严格按照医生和康复师的建议，协助长者掌握正确使用拐杖的方法。

（3）拐杖应该放在长者能够轻松拿到的地方。

（4）辅助行走时，切忌强行拉扯或拖拽长者的手臂，以免长者摔倒。

二 轮椅的使用

（一）轮椅的结构及适用对象

轮椅主要由轮椅架、轮、刹车装置、座靠垫和脚踏板、挡腿布等部分组成，依靠人力驱动。普通轮椅主要适用于下肢残疾、偏瘫、胸以下截瘫者及行动不便的长者。

（二）轮椅使用方法（操作流程）

1. 打开轮椅

打开两侧轮闸，握住两边扶手向两侧推开座椅，左右两侧向下压，使座椅面完全打开，放下脚踏板。

2. 关闭轮椅

打开两侧轮闸，向上收起脚踏板，提起座椅中间，将两侧车轮和扶手向中间收紧，使轮椅完全收拢。

3. 轮椅的移动

（1）照护人员应站在轮椅后方，一手扶稳轮椅把手，另一手操作后轮刹车装置。

（2）需为长者规范系好安全带，确保其双手自然握住手动轮圈，建议穿着衣袖收紧不易卷入车轮的衣物。

（3）针对偏瘫长者：健侧手控制手动轮圈转向，健侧脚辅助调整方向；患侧脚放置在踏脚板上，健侧踏板需保持收起或拆除状态。

4. 床与轮椅间的转移

（1）将床与轮椅成 30° 角摆放，缩短移动距离。提前收起轮椅脚踏板并固定车轮制动。

（2）照护人员呈弓步姿势贴近长者，前脚置于长者患侧进行保护。

（3）引导长者健侧手扶住照护人员肩部，照护人员用双手托护长者腋下，协助长者上半身前倾借力起身。

（4）照护人员保持身体紧贴长者，共同下移重心，缓慢辅助长者落座轮椅。

5. 台阶通行

（1）上台阶。双手紧握推把后拉，单脚踩踏翘杆使前轮抬升，顺势前推跨越台阶。

（2）下台阶。倒车至台阶边缘，保持轮椅后倾姿势，前轮着地后缓慢下行。

6. 坡道通行

（1）上坡。照护者重心前移抵住轮椅，保持匀速上行，全程确认安全带有效。

（2）下坡。面向坡道紧握把手，利用身体后倾控制速度，缓慢下行。

7. 障碍通过

抬起前轮越过浅沟，后轮接触沟沿时继续推行，保持平稳通过后放下前轮。

三　平车的使用

（一）平车的结构及适用对象

平车由担架、护栏、输液架、车轮和刹车装置组成。平车适用于昏迷、手术前后或需要紧急抢救等不能下床活动的长者。

（二）平车运送法

1. 挪动法

适用于病情许可，且具备床上活动能力的长者。

（1）照护人员将平车紧靠长者床旁并锁定车轮。将毛毯或盖被半铺于平车上，协助长者按照上身、臀部、下肢的顺序挪动身体至平车上，确认躺卧舒适后将另一半毛毯或盖被盖于长者身上。

（2）下平车时，须锁定车轮，叮嘱并协助长者先挪动下肢、臀部，再挪动上半身，按此顺序将长者挪回床铺。

2. 单人搬运法

适用于体重较轻的长者。

（1）将平车推至床尾并锁定车轮。

（2）照护人员用双手紧紧环抱长者的肩膀和膝弯处，提醒长者双手交叉环绕在照护人员颈部。照护人员将长者抱起，然后慢慢转身，将其轻放到平车上，调整舒适体位，并为其盖好毯子或盖被。

3. 两人或三人搬运法

适用于体重较重且不能活动的长者。

（1）两人搬运法。照护人员甲一手臂托住长者的颈肩部，另一手臂托住长者腰部，照护人员乙一手臂托住长者臀部，另一手臂托住长者腘窝，两人同步发力抬起，使长者身体稍向照护人员侧倾斜，两人同时移步至平车，将长者轻放于平车上，调整舒适体位，并为其盖好毛毯或盖被。

（2）三人搬运法。照护人员甲托住长者的头、肩胛部和背，照护人员乙托住长者的腰和臀部，照护人员丙托住长者的腘窝、腿部。三人同时抬起，将长者轻放于平车上，并为其盖好毛毯或盖被。

（三）平车转运长者的流程

1. 工作准备

（1）环境准备。环境宽敞，无障碍物。

（2）照护人员准备。着装整洁，态度和蔼，了解长者的身体状况以及各种引流管的位置，掌握平车的操作方法。

（3）长者准备。身体状况允许，愿意配合，穿好衣裤。

（4）物品准备。平车的担架完好，轮胎已充气，刹车可以制动，护栏完好；必要时准备毛毯或盖被、尿垫等；搬运骨折病人需准备木板。

2. 评估和沟通

照护人员全面评估长者身高、体重、年龄、疾病诊断、病情程度和进展情况，以及有无输液或其他引流管路。耐心向长者解释即将开始的转运过程，取得长者的配合。

3. 固定平车

照护人员将平车推至长者床旁，锁定车轮，固定平车，放下护栏。

4. 转运

照护人员协助长者穿好衣服。根据长者的评估情况选择合适的搬运方法，尽量让长者的身体靠近照护人员。照护人员将长者轻放于平车上，头部位于大轮一端，可减轻颠簸引起的不适。

5. 行进

长者躺卧舒适，盖好毛毯或盖被；照护人员须妥善放置长者的引流管道，将平车护栏拉起并固定；松开车轮制动，推车时照护人员站在长者的头侧平稳行进；遇到拐弯或者地面不平整、有门或门帘的情况时，照护人员可请求他人帮助以确保安全通过；行进过程中，照护人员要随时询问长者的感受，观察病情，出现异常及时停下来检查。

（四）注意事项

在使用平车转运长者时，最好由两人共同完成，并且注意动作要轻柔、协调，以确保长者的安全和舒适。

思考

1. 平衡能力差，特别是上肢肌肉能力低下的长者可以选用什么样的拐杖？
2. 照护人员应如何正确使用轮椅？

结语

青春是敢作敢为的时期，暮年是思想凯旋的岁月。

——洛·史密斯

第二节　体位摆放及体位转移

一　体位摆放

（一）体位摆放的定义

体位摆放是指根据治疗、护理以及康复的需要，对长者采取的相应身体姿势和位置。

（二）体位摆放的主要目的

（1）预防或减轻并发症。通过定期调整体位可缓解长者局部组织长期受压状态，改善血液循环，从而降低褥疮、肺部感染及深静脉血栓等并发症的发生风险。

（2）促进身体功能恢复。针对存在肢体活动障碍的长者，恰当的体位摆放能有效维持关节的正常活动范围，预防肌肉萎缩与关节僵硬，从而促进身体功能逐步恢复。

（3）提升舒适感受。科学合理的体位摆放有助于长者保持舒适的体位状态，可有效缓解疼痛、呼吸困难等不适症状，显著提高长者生活质量。

（三）常用体位

（1）平卧位。躺在床上，把枕头放在长者头下方，并确保头部两侧稳定。在肩膀、上肢、膝盖和踝部放置枕头，用毛巾卷将腕关节固定在 40° 的伸展位置。

（2）侧卧位。双臂伸直，双腿弯曲，背部放置一个长枕，以支撑身体。

（3）俯卧位。如果背部和臀部出现褥疮，建议采取俯卧位。在床上放置两个大垫子，形成“八”字形状，以免压迫长者的胸口。

（4）坐位。坐姿可通过促进肺部充分扩张改善呼吸功能，同时提高血液循环效率，从而提升心肺功能整体运作。该体位能维持胃肠道正常蠕动节律，有效促进消化吸收并降低反流及消化不良风险。相较于长期卧床，坐位可减少身体局部组织持续受压时间，对预防压疮形成具有积极作用。

坐位实施要点：

◇ 膝关节下方置放软垫，确保臀部稳定承托，避免皮肤摩擦受损；

◇ 垫高膝部区域，保持长者坐姿舒适；

◇ 配合使用脚凳或调节床面高度，增强坐位稳定性；

◇ 对偏瘫患者需加强患侧支撑，通过专用靠垫纠正体位倾斜。

（5）半坐位。半坐位（也称半卧位）是临床常用治疗体位，实施时需在标准仰卧位基础上将床头逐步抬高 30°~50°，使长者头胸部处于抬升状态，可有效改善呼吸并降低误吸风险。

（四）注意事项

（1）保护长者的隐私，注意保暖。

（2）保持长者体位稳定。

（3）关注长者的反应。

二 体位转移

（一）体位转移的定义

体位转移是指人体从一种姿势转变到另一种姿势的过程，例如从仰卧位到侧卧位、从仰卧位到端坐位等。

（二）体位转移的主要目的

（1）预防并发症。通过定期调整体位可缓解长者局部组织长期受压状态，改善血液循环，从而降低褥疮、肺部感染及深静脉血栓等并发症的发生风险。

（2）提高生活自理能力。使长者能够在不同体位下进行日常生活活动，增强独立性。

（3）促进身体功能恢复。有助于长者维持关节活动度、肌肉力量和平衡能力，促进身体康复。

（4）提高舒适度。避免长时间保持一种体位导致的疲劳和不适。

（三）体位转移操作

1. 站立转轮椅

（1）将轮椅置于床旁，与床形成 10~30 度角，刹住车轮。偏瘫长者需将轮椅置于健侧，照护人员站立于患侧进行保护。

（2）协助长者移动臀部至床沿，确保双足平稳触地，全程做好防跌落保护。

（3）指导长者双臂环抱照护人员颈部，照护人员双脚前后分开站立。

（4）照护人员双臂环抱长者腰背部，引导其身体前倾，协同发力站起。

（5）待双方重心稳定后，缓慢协助长者落座轮椅。

2. 仰卧转端坐位

（1）照护人员一手托护长者颈部，另一手固定其膝关节。

（2）协助长者双足垂放床沿，引导重心下移，有利于扶起上身。

（3）托扶肩颈部缓慢抬起上身，维持稳定 5 ~ 10 秒，确认坐稳后方可撤离支撑。

3. 仰卧转侧卧位

（1）照护人员站在长者需要转向的一侧。

（2）将长者的上臂交叉放在胸前。

（3）照护人员一只手放在长者的肩胛部，另一只手放在长者的髋部。

（4）同时将肩胛部和髋部向同一方向轻轻翻转，使长者的身体侧卧。

（5）在长者的背后放置靠垫或枕头，以保持体位稳定和舒适。

4. 翻身法

（1）侧卧辅助翻身法。

① 协助长者将患侧手臂屈肘置于胸前，健侧手扶稳枕头，确保患侧肢体保持自然放松状态。

② 引导长者用健侧腿从患侧腿下方穿过，置于患侧脚外侧，形成支撑支点。

③ 照护人员双手分别环抱长者肩部与腰部，同步发力帮助其转向健侧方向。

④ 如果翻身过程中身体不稳，可适当将长者腰部后移以保持平衡。

⑤ 翻身后重新固定枕头，使其稍向背部倾斜形成支撑。在背部、上臂与躯干间放置软垫，确保压力分散。

（2）推拉式翻身法。

① 协助长者将头部转向翻身方向，患侧手臂保持屈曲姿势收于胸前。

② 协助长者双下肢屈膝立起，保持髋膝关节约 90° 弯曲。

③ 照护人员双手分别置于长者的肩部与膝部，同时向翻身方向缓慢发力，完成体位转换。

（四）注意事项

（1）长期卧床的长者，至少每 2 小时翻身一次。

（2）保护长者的隐私，注意保暖。

（3）关注长者的反应。

（4）翻身的时候注意抚平衣物和被单的褶皱。

思考

1. 帮助长者进行体位变换的注意事项有哪些？
2. 体位摆放及体位转移的注意事项有哪些？

结语

使老年人充满活力的途径是永葆思想上的青春。

——莫·柯林斯

第十三章　康乐活动

第一节　手工活动

一　手工活动的目的和作用

手工活动作为一种独特的康复干预手段，主要通过提供适合长者的日常休闲活动，促进其身心功能的恢复。通过手工艺品的制作过程，能够有效缓解症状，改善身体机能。

具体而言，手工活动具有以下作用。

（1）手工活动能够显著缓解长者的心理压力，提升其心理健康水平，同时有助于培养和发展长者的兴趣爱好。

（2）在功能改善方面，手工活动不仅能提高长者的记忆能力，还可提高其动作协调性，特别是对手部精细动作的锻炼，为提高其获得独立生活能力奠定重要基础。

二　手工活动的种类

适合长者的手工活动主要包括以下几类。

（1）生活技能类。包括系鞋带、扣纽扣、拉链操作、灯具开关、豆类分拣等日常动作训练。

（2）布艺编织类。包括十字绣、毛线编织、绢花制作、穿珠等纺织品手工艺项目。

（3）艺术修养类。包含绘画、书法、剪纸艺术、陶器塑形、面点造型等传统文化技艺。

手工活动示例

剥豆子

物品准备：豌豆角、盆。

方法：照护人员将准备好的豌豆角和盆放于长者面前，和长者一起把豆子剥在盆里，剥出的豆子可以在烹饪时用。

撕纸片作画

物品准备：剪碎的彩色小纸片、画有图案的布一块。

方法：照护人员为长者准备一个小纸盒，里面装有彩色的小纸片，并告诉长者要把纸片撒在勾勒有简单图案的纸或布上，构成一幅彩画。

三　手工活动操作步骤及流程

（一）工作准备

（1）环境准备。环境整洁，温湿度适宜，光线明亮。

（2）照护人员准备。照护人员了解长者的意愿、生活习惯、爱好等内容。掌握将要进行的活动的要点，指导长者完成活动。

（3）长者准备。长者身体状况允许，自愿参加。

（4）物品准备。选择安全经济的用具，如毛线、纽扣、开关等。

（二）设计活动

照护人员设计长者手工活动项目，内容应新颖、有趣、多样，要与日常生活相结合，长者力所能及且愿意参加。

（三）提供示范

照护人员精心策划有益的活动，在示范的同时进行有效的指引，并在示范过程中关注长者的反应。

（四）记录

在活动结束后，照护人员询问长者对活动的看法和建议，并进行客观记录。同时，还应该记录下活动的目标、成果以及需要改进的地方。

（五）注意事项

（1）在选择活动用具时，应考虑长者的需求，以保证他们的安全。

（2）在活动过程中，给予长者适当的鼓励，并在必要时为长者提供帮助。

（3）安排手工活动时，应尽量避开长者的休息时间。

（4）当长者感到疲倦或身体不适时，照护人员应该立刻停止活动，及时让长者休息。

第二节　娱乐游戏活动

一　娱乐游戏活动的目的和作用

长者参与娱乐游戏活动的目的在于维持身体机能、保持身心健康、丰富生活，同时有助于提升长者的人际交往能力。

娱乐游戏活动的作用主要体现在以下几个方面。

（1）维持身体机能。有助于保持肌肉力量、关节灵活性和心血管健康。

（2）促进睡眠。适当的运动可以让身体适度疲劳，改善睡眠质量。

（3）提升幸福感。带来快乐和满足感，增强对生活的热爱和信心。

（4）延缓认知衰退。玩智力游戏等活动可以刺激大脑，预防老年失智症等认知障碍。

（5）增强社会支持。通过与他人的互动，获得情感上的支持和帮助。

（6）促进社会融合。积极参与社会活动，更好地融入社会。

二　娱乐游戏活动的类型

（一）个案娱乐活动

对于不太喜欢参与集体活动或者活动能力明显受限的长者，个案娱乐活动可以为他们提供更多的乐趣和支持。长期卧床、四肢活动能力受限的长者，应当得到专业的康复服务。这部分长者的康乐活动主要由照护人员或老年志愿者以语言或简单的活动等形式开展。

（二）小组娱乐活动

小组娱乐活动能丰富长者的精神生活、促进身心健康、增强社会互动以及提升生活质量。小组活动主要包括以下五类。

（1）棋牌游戏。如象棋、围棋、五子棋等棋类比赛，以及打扑克牌、麻将等。

（2）舞蹈与音乐。如唱歌、跳舞等。

（3）健身。如健身操、套圈、各种球类、太极拳等。

（4）才艺。如知识比赛、书法、绘画等。

（5）手工艺。如折纸、编织、刺绣等。

娱乐游戏活动示例

唱歌

物品准备：歌本、音响器材。

活动方法：照护人员与长者围坐，根据长者需求，选择歌曲。照护人员与长者一起合唱，或者邀请其他有兴趣的长者独唱。

听音乐、传布球

物品准备：音响器材、布球。

活动方法：照护人员组织长者围坐，宣读游戏规则，随着音乐的节拍，将布球投掷到每个人手中，接住布球者表演一场精彩的节目。

三 娱乐游戏活动的操作步骤及流程

（一）工作准备

（1）环境准备。环境整洁，温湿度适宜，场地适宜、安全。

（2）照护人员准备。着装整洁，全面了解参加活动的长者身体状况、生活习惯、爱好等，熟悉活动规则。

（3）长者准备。身体状况允许，自愿参与。

（4）物品准备。根据活动内容确定。

（二）设计活动

照护人员应根据长者的身体状况设计适宜的活动项目，并且简单易学，长者力所能及且愿意参与。

（三）提供示范

照护人员精心策划有益的活动，在示范的同时进行有效的指引，并在示范过程中关注长者的反应。

（四）总结

活动结束时，照护人员应对活动进行总结，并询问长者的体验感受。通过沟通，照护人员可以梳理活动存在的不足，为后续优化活动方案提供借鉴。

（五）注意事项

（1）游戏活动的设计要充分考虑长者的能力及身体状况。

（2）照护人员应以清晰、缓慢的语调向长者说明游戏规则，以确保他们能够完全理解。

（3）合理安排时间，避开长者的休息时间。

（4）在活动过程中，给予长者适当的鼓励，并在必要时为长者提供帮助。

（5）在活动过程中要注意观察长者的变化，如果出现厌烦、身体不舒服，应立即停止活动。

第三节　园艺治疗活动

一　园艺治疗活动的定义及目的

园艺治疗（Horticultural Therapy）是一种以植物和园艺活动为媒介的辅助性治疗方式，由专业治疗师或经过认证的园艺治疗师设计和指导。它通过参与种植、养护、收获植物等与自然互动的过程，帮助个体改善身体、心理、认知及社交功能。

二　园艺治疗的作用

（1）通过触觉、嗅觉、视觉等多通道刺激感官系统。

（2）延长注意力的持续时间。

（3）增强肌肉力量，提升平衡协调能力。

（4）帮助设立明确的生活目标。

（5）促进人际互动并激发情境回忆。

（6）有效缓解抑郁等负面情绪。

（7）提升记忆、判断等认知能力。

三 疗愈性花园的设计要求

（1）8 字形或回形设计。避免长者因找不到方向而困惑、焦虑。

（2）适老化设计。轮椅通道方便坐轮椅的长者；休息座椅方便长者随时休息，降低跌倒风险；抬高花床的高度，便于长者坐在轮椅上就能照料植物。

（3）感官刺激物。优先选用兼具视觉吸引力与功能性的无毒植物，如薰衣草、薄荷、茉莉、玫瑰等，也可以是可食用植物。

（4）设置定向标识。如设置入口导览标识、路径。

四 失智症长者的园艺活动

（一）失智症早期

对于失智症早期的长者而言，园艺治疗活动仅需提供基础性协助即可顺利开展。在此阶段，从规划种植到除草采摘，长者能够基本独立完成全流程操作。值得注意的是，此类活动的重点应是长者社会功能的维持与强化，例如共同制作花艺作品或分享收获作物。研究表明，这种基于园艺活动的社交介入模式，能有效提升长者的幸福感。

（二）失智症中期

失智症中期的长者在参与园艺活动时通常需要照护人员的协助。该阶段的长者仍可完成喂食鸟类，使用抬高的种植床进行松土、浇水、施肥及采摘等系列操作。通过参与这些具有操作性的园艺活动，不仅能有效刺激长者的视觉、触觉、嗅觉等感官体验，更能促进其与他人的互动交流。

（三）失智症晚期

对于进入疾病晚期的失智症长者，虽然身体机能显著衰退，但仍可在花园进行植物观赏等基础活动。针对行动不便者，照护人员可使用轮椅协助其至户外空间，使长者通过感受自然光照、呼吸植物芳香等方式，获得多方面的身心益处。

五 园艺治疗活动的注意事项

（1）避免给失智长者使用锋利的园艺工具。

（2）设立能抬高的花床，方便长者能接触到泥土。

（3）确保所有植物无毒，避免长者误食。

（4）长者逛花园、参与园艺活动时，宜选择清晨和傍晚。

（5）长者进行园艺活动时，应注意防晒、补水。

思考

请设计一份完整的康乐活动方案。

结语

生命不等于是呼吸，生命是活动。

——卢梭

后 记

慈度康养国际集团积极响应国家关于高效、科学、综合应对人口老龄化的战略部署，鉴于当前康养领域养老照护专业人才短缺及专业培训资料匮乏的实际情况，由董事长王鲁带头组建了《养老照护人员培训手册》编写组，力图推出一套有理论、重技能、广应用的养老照护人员实用性培训教材，为我国康养领域养老照护人员培训教育事业贡献一份力量。

《养老照护人员培训手册》编写组主要由代敏、马瑜、王泉怡、罗静、李强、底惠、常梦婷、汪梦萦、罗倩、田茂莉、王雪梅、谢欢秀、王欢等一批常年工作在老年照护一线的教学人员、管理人员和照护师组成，他们不仅具备扎实的理论基础，更拥有丰富的实践经验。在编写过程中，编写组参阅了大量国内外相关研究和成果，并从基础理论、技能实操、合理适用等维度进行筛选消化，结合自身长时间的工作经验，数易其稿，完成了《养老照护人员岗前培训手册》、《养老照护人员能力提升培训手册》和《养老照护管理人员培训手册》3 本书的编写。

毋庸赘言，3 本书的编写工作能够如期完成，首先要感谢慈度康养国际集团的卓越远见与慷慨支持；其次要特别感谢许秀月博士对编写组的悉心指导和不倦教诲。同时，真诚地向国内外养老照护领域、康养产业领域众多的先行者致以崇高的敬意。没有你们的研究成果和实践业绩作为我们的基石和指针，很难想象 3 本培训手册能够付梓面世。由于篇幅所限，我们无法一一列举所有应感谢与致敬的个人与机构，对于未能尽述之处，敬请各位海涵。

我们深知，3 本书虽然凝聚了编写组的辛勤努力与智慧结晶，但仍难免存在不足之处。在此，我们衷心希望能得到各界专家、学者及广大读者批评指正，您的每一条建议都将是推动我们不断进步与完善的重要动力。我们更希望这 3 本书能起到抛砖引玉之效，激发社会各界对养老照护事业的关注与热情，催生更多高质量、高水平的作品问世，共同推动我国养老照护水平的全面提升，以有效应对日益严峻的人口老龄化挑战，为老年朋友营造一个更加温馨、安全、舒适的生活环境。

《养老照护人员培训手册》编写组

2024 年 12 月